小学6年生

文章読解に

ぐーんと強くなる

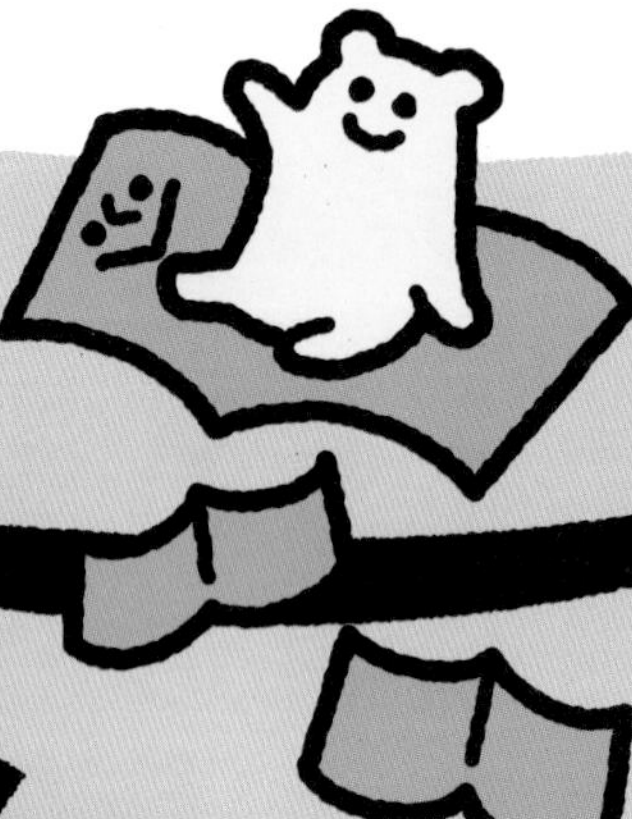

学習指導要領対応

KUMON

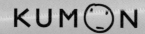

この本の使い方

① 1回から順に、学習しましょう。

② 問題を解いたら、答え合わせをして、点数をつけます。つけ方がわからないときは、おうちの方に見てもらいましょう。
答えに文字数などの指定がない場合、習っていない漢字は、ひらがなで書いていても正解です。

③ まちがえたところは、解説を読んでもう一度取り組みます。100点にしたら、終わりです。

※ 巻末《かんまつ》の「別冊解答書」は、取り外して使います。

もくじ

話題

基本 ★★★

点

◆ 次の文章を読んで答えましょう。

火星には過去海があったと考えられる証拠《しょうこ》がいくつも見つかっています。

海があれば、地球と似たような岩石惑星《わくせい》ですので、基本的に地球の表層《ひょうそう》付近で起こるような物理・化学過程が起こると考えられます。[A]地球の海に生命が発生したとしたら、同様の過程がそのまま火星にも適用して考えられるわけです。

極端《きょくたん》なことをいえば、火星の海底下に熱水噴出《ふんしゅつ》口みたいなものがあるとします。そうすると、地球で熱水噴出口のまわりで生命が誕生《たんじょう》したとするならば、それは火星でも起こりうるということです。

一回誕生してしまえば、生命というのはけっこう[B]なものです。たとえば、地球から探査機《たんさき》を打ち上げる時、そこには微生物《びせいぶつ》が付着します。たとえば以前に月に送った探査機の一部を回収《かいしゅう》して地球に持って帰るということを*アポロ計画のときに実施《じっし》しましたが、回収したものを調べると、打ち上げ前に付着した地球生物が、生《い》き延《の》びていたことがわかりました。お月さ

くり返し出てくる言葉やキーワード、文章の最初や最後の段落《だんらく》に注目して、文章の話題をとらえましょう。

1 この文章は、何について書かれたものですか。（各10点）

（　　　）にも（　　　）が発生したかもしれないということ。

2 [A]・[C]に入る言葉は何ですか。合うものを一つずつ選んで、記号を答えましょう。（各10点）

ア なぜなら　イ しかし　ウ ところが
エ ですから　オ たとえば

A（　）　C（　）

3 [B]に入る言葉を、文章から二字で書きぬきましょう。（10点）

□□

4 ①「そういうところ」とはどういうところですか。（15点）

んの地表は地球とは異《こと》なり、地球生命にとっては生存《せいぞん》することなど考えられないとんでもない環境《かんきょう》ですが、①そういうところでも、ある種の地球生命というものは死なないことが実証されているのです。

逆にいえば殺菌《さっきん》ができないということです。じつは宇宙《うちゅう》探査の際、いちばん難《むずか》しいのは殺菌なのです。そのために②こういうことが起こります。月まで行っても死なずに生き延び、また地球に戻《もど》ってくると生き返り、生命活動を再開する微生物がいるということがわかったわけです。

このように生命はタフですから、火星の上でも、生命誕生時から環境が変わって今のようになったとしても、［C］地下深くの、水が流れているような環境下に、そのまま③生命が生き延びている可能性は充分《じゅうぶん》に考えられるわけです。

（松井《まつい》孝典《たかふみ》『われわれはどこへ行くのか？』ちくまプリマー新書）

＊　アポロ計画…アメリカ航空宇宙局（ＮＡＳＡ）が中心となって行った月探査計画。

5　②――とありますが、どういうことですか。（各10点）

（　　　　　　　　）

月に送った（　　　）に地球の（　　　）が付着し、生き延びていたこと。

6　③――とありますが、なぜですか。合うものを一つ選んで、○を付けましょう。（15点）

ア（　）地球とは異なる、月のような厳しい環境で暮《く》らしている生物がいることがわかったから。

イ（　）月まで行っても死なずに生き延び、地球に戻ると生き返るようなタフな生物もいるから。

ウ（　）火星にも、地球にいるのとまったく同じ生物が暮らしているということがわかったから。

段落の最初で、「このように」と前の内容を受けてまとめているということに注目しよう。

◆次の文章を読んで答えましょう。

料理で、いちばん大切なのは、おいしい、ということである。いくら栄養があっても、うまくなくては落第。つい食べ過ぎてしまうようなものが、上手《じょうず》な料理というものである。もうやめておきたいと思いながら、つい、もうすこし、もうすこし、と後を引くようなご馳走《ちそう》を作るのが本当の名コックだ。

文章もその通り。

いくら、りっぱなことが書いてあっても、三行読んだら、あとはごめん、と読者が思うようなのではしかたがない。先、先が読みたくなって、気がついてみたらもう終《おわ》っていた。ああ、おもしろかった。こういう文章ならいくら読んでもいい。①そういう気持《きもち》を与《あた》えたら名文と言ってよい。

いまの文章は、多く、②読者に対するそういうサービスの精神に欠けているように思われる。自分の書きたいことを一方的にのべる。身勝手なのである。同じことなら、おもしろく読んでもらおうという親切心が足りない。

❶ この文章は、何について書かれたものですか。(各10点)

（　　　）でいちばん（　　　）なこと。

❷ ①「そういう気持」が指している内容を文章から探《さが》し、最初と最後の三字を書きぬきましょう。(完答10点)

□□□～□□□

❸ ②――とは、どういうことですか。(各10点)

自分の書きたいことを（　　　）にのべた、（　　　）なものだということ。

「そういうサービスの精神」が何を指しているかを、前の部分から読み取ろう。

いまクッキングスクールで料理の勉強をする人はたくさんいるが、文章の料理を教えるところは、ごくすこししかない。おもしろい文章を書こうと思う人がすくないからであろうか。

ちょっと断っておかなくてはならないのは、③その〝おもしろさ〟である。

おもしろいというと、すぐ、おもしろおかしく、吹《ふ》き出《だ》したり、ころげ回って笑ったりすることを連想しがちである。そういうおもしろさもないわけではないが、ここで言っているおもしろさは、相手の関心をひくもの、といったほどの意味。読まずにはいられない、放ってはおかれないという気持を読む人に与えるもの――それがおもしろさである。興味深いもの、知的な快い刺激《しげき》を感じさせるものは、すべて、おもしろいものになる。どんなに固い学術論文《ろんぶん》でも、こういう意味ではきわめておもしろい、興味津々《しんしん》の文章でありうる。

文章は料理のように、おいしく、つまり、おもしろくなくては話にならない。

（外山滋比古《とやましげひこ》『文章を書くこころ――思いを上手に伝えるために』ＰＨＰ文庫）

4 ③「その〝おもしろさ〟」の説明に合うものを一つ選んで、○を付けましょう。（20点）

ア（　）吹き出したり、ころげ回って笑ったりしてしまうもの。

イ（　）読む人の関心をひいたり、知的な刺激を与えたりするもの。

ウ（　）書く人が興味を持ち、読む人を笑わせられると思うもの。

5 筆者は、具体的にどのような文章を書くべきだと考えていますか。（30点）

（　　　　　　）

料理は「おいしい」ということが、文章は「おもしろい」ということが大切だと筆者は述べているよ。

3 論理《ろんり》的文章

話題

練習 ☆★★

◆ 次の文章を読んで答えましょう。

1 私《わたし》たちは普段《ふだん》、当たり前のように「自由」という言葉を使っているが、いざその意味を考えてみると難《むずか》しい。「自由」とは何かを考えてみよう。

2 どのような出来事にも原因がある。①人間の行動も同じだ。例えば、皆《みな》さんが考えたり、その結果として行動するとき、脳《のう》の細胞《さいぼう》間では電気が走っている。脳の中には電気の回路がつくられていて、私の話を聞いて理解しようとするとき、どこかの部分が活発に働いているはずだ。物理学で習う電気の反応と同じようなことが、脳でも起こっている。皆さんが通常、自由に振《ふ》る舞《ま》っているように見えることも、実はすべてに原因があるのだ。

3 では、この「原因」と「自由」は、どのような関係にあるのだろうか。何か原因があることによって、初めから結果が決まっているならば、②それは「自由」とは言えない。「自由」とは、あくまで自分で決めるからこそ言えることで、あらかじめ原因があって起こることではないからだ。

4 現代の社会状況《じょうきょう》では、私たちにはいくらでも選択肢《せんたくし》がある。つまり自由はいくらでもある。けれども私たちは、

1 この文章は、何について書かれたものですか。（10点）

〔　　　　〕ということ。

2 ①――とは、どういうことですか。（各15点）

人間の行動にも〔　　　　〕があり、脳の中の〔　　　　〕が働くことで起こるものだということ。

3 ②――とありますが、それは「自由」がどのようなことだからですか。（15点）

あくまで自分で決めることであって、

〔　　　　〕

点

「自由がない」と感じている。実際、自然科学を基礎《きそ》に考えれば、すべての事象には原因があるのだから、自由というものがはたらく余地などないはずだ。しかし、他方で私たちは生きていくうえで、「自由」という言葉や、概念《がいねん》がないと生きていくことができない。③なぜだろうか。

5 例えば、人が失敗したときに「お前のせいだよ!」という言い方をする。そのように人を責めることができるのは、失敗した人が自分の意図でやったという前提があるからだ。あるいは「あなたのおかげです」と褒《ほ》めたり、感謝したりするのも、その人の自由な意志で決めた結果だと考えるからだ。

6 だから自由のもとに物事が決まらなかった場合は、「あの人のおかげ」とか「あの人のせい」とは思わない。たまたま運悪く落石が頭にあたってケガをしたとき、石に「お前のせいだ」とは言わないだろう。石は自由な意志で動いたわけではないからだ。

7 このように、自由というものを「理論《りろん》」と「現実」の関係で考えると、理論上は自由がはたらく余地はまったくないのに、生きていくうえでは現実として自由というものの存在《そんざい》を感じずにはいられない。そう考えたときに、④「自由とはなんだろうか」という問いが出てくる。

（大澤真幸《おおさわまさち》「自由の条件」・『生《い》き抜《ぬ》く力を身につける〈中学生からの大学講義〉5』ちくまプリマー新書）

4 ③「なぜだろうか」に対する筆者の考えに合うものを一つ選んで、○を付けましょう。（15点）

ア（　）人はみな自由に自分の生き方を決めていると考えているから。

イ（　）人の行動を自由意志で決めた結果だと考えているから。

ウ（　）人は常に自由というものについて考えているから。

5 ④――とありますが、なぜですか。（各10点）

すべての事象には（　　　）があるので、（　　　）はないはずだが、私たちは自分たちの行動に対して（　　　）の存在を感じずにはいられないから。

最終段落《だんらく》では、筆者が考える「自由」がどのようなものかが述べられているよ。

◆次の文章を読んで答えましょう。

ところで、いま自分はアタマかたくなってるなあと感じたら、①ちょっとした視点《してん》の変化を持《も》ち込《こ》むといいんですよ。

ぼくはよくこういうんです。鳥がどういう世界を見ているか考えてごらん。

ぼくたち人間は、三原色の世界じゃないですか。鳥はですね、四原色なんですよ。つまり、目のなかにある特定の波長に反応する細胞《さいぼう》が人間は三種類なんですけど、鳥は四種類あるんですね。*1紫外線《しがいせん》が見えるんですよ、彼《かれ》らには。

だから、たとえば花を見たときに、ぼくたちが見ると真ん中にめしべやおしべがあってまわりに花びらがあってってそれっきりなんですけど、鳥が見るとですね、その花びらに模様《もよう》が入ってたりするんですよ。それは紫外線でしか見えない模様だから、ぼくたちには［　　］わけです。

余談ですが、鳥や爬虫類《はちゅうるい》の祖先である恐竜《きょうりゅう》たちが*2跋扈《ばっこ》するようになった時代までは、哺乳類《ほにゅうるい》も四原色の目をもっていたんです。大昔までさかのぼれば、哺乳類も恐竜も同じ祖先に行き着きますから。でも、恐竜が巨大《きょだい》になって地球を支配し始めたから、哺乳類たちは小さくなって夜行性になった。なにしろ、昼間、出歩いていたら恐竜に食べられちゃいますから。で、夜行性だと、色がたくさん見えても仕方ないので、目が退化《たいか》して、だいたい二原色になっちゃった。今でも猫《ねこ》や犬など、ほとんどの哺乳類は二原色のままです。猿《さる》の一部、そして人間は、恐竜が滅《ほろ》んだあとに昼間の生活に戻《もど》ったから、*3突然変異《とつぜんへんい》により、三原色まで「復帰」したんです。

この鳥の目の話は、もちろん、実際の見え方の問題というよりは、考えや発想の問題と捉《とら》えてください。見える世界や聞こえる世界がちがうと、当然、知識もちがうし、考えや発想もちがってくる。

②人間同士でもそう考えてみるといいんですね。人間と鳥の視点がちがうくらいに、人間同士でも視点がちがうと捉えておくのです。自分にとっての見え方がすべてではなくて、他人には別の見え方があるかもしれない。

情報をたくさん摂取《せっしゅ》している人と、あまり情報を*4インプットしていない人、さらには、偽《にせ》情報や伝聞情報に惑《まど》わされている人。当然、世界の捉え方も変わってくるにちがいありません。

応用 ★★★

点

（竹内薫《たけうちかおる》『自分はバカかもしれないと思ったときに読む本』河出書房新社《かわでしょぼうしんしゃ》）

＊1　紫外線…人間には見えない光線。
＊2　跋扈…わがもの顔にふるまうこと。
＊3　突然変異…親と異《こと》なる性質が生じ、それが子に伝わること。
＊4　インプット…外部にあるものを内部に取りこむこと。

1　この文章は、何について書かれたものですか。（10点）

自分は［　　　　　　］と思ったときにすべきこと。

2　①――について筆者はどのようなことを例に挙げて説明していますか。（15点）

（　　　　　　）

3　人間と鳥の見え方は、どのようなものですか。（各10点）

人間は［　　　］、鳥は［　　　］の世界。

4　［　］に入る言葉は何ですか。合うものを一つ選んで、○を付けましょう。（10点）

ア（　）少しは見えている
イ（　）少ししか見えない
ウ（　）まったく見えない

5　②――とは、どういうことですか。（15点）

（　　　　　　）

6　あなたが、自分は他の人とは捉え方がちがうと感じた出来事を書きましょう。（30点）

表現力

（　　　　　　）

筆者は、捉え方がちがっていても、どちらが正しいなどとは言っていないね。

指示語・接続語

基本 ★★★

点

◆次の文章を読んで答えましょう。

　私《わたし》たちは一人一人ちがうので、遊びの相談をしていても、おたがいの希望がぶつかります。[A]、あなたが遊園地に遊びに行きたいと言い、友達は買い物に、別の友達は山か海に行きたいと言う。①そういうとき、かっとしたり、だまったり、無視《むし》したり、だれかががまんしたりするのではなく、おたがいが少し不満だけど、とりあえずやっていける解決を見いだせるのが、「コミュニケーションが得意」ということなのです。

　もちろん、②それは簡単《かんたん》なことではないです。でも、あなたに大切な人がいたら、その人とはちゃんと理解し合いたいと思うでしょう。この人にだけは、分かってほしいと思うでしょう。コミュニケーションの技術が上達すればするほど、あなたは大切な人とつながることができるのです。

　[B]、コミュニケーションが得意になるためには、どうしたらいいのでしょう。コミュニケーションは、おたがいがうまく折り合いをつけるための技術です。スポーツの場合、テクニックをみがく方法を知っていますか。そう、

文と文の関係に注目して、指し示す言葉（指示語）の内容や、適切な文と文をつなぐ言葉（接続語）をとらえましょう。

1 [A]～[C]に入る言葉は何ですか。合うものを一つずつ選んで、記号を答えましょう。（各10点）

ア　だから　　イ　でも
ウ　では　　エ　たとえば　　オ　つまり

A（　　）　B（　　）　C（　　）

2 ①「そういうとき」とは、どのようなときですか。「希望」という言葉を使って説明しましょう。（30点）

接続語は、前の文と後の文の関係によって決まるよ。どのような関係にあるか考えよう。

（　　　　　　　　　　　　　　　　）

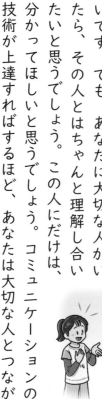

何回も何回も練習しますね。コミュニケーションも同じです。相手とぶつかり、むっとしたり、苦手だなあと思ったりしても、いろんな相手といろんな場所で何度もコミュニケーションしていくうちに、話し方や断り方、アドバイスのしかた、要求のしかたが得意になっていくのです。

　昔は、話し相手や遊び相手は人間しかいませんでしたから、ぶつかり、きそい、交渉《こうしょう》する中で、コミュニケーションの技術はみがかれました。［C］、最近はインターネットが発達して、人は人と直接話さなくても、時間が過ごせるようになりました。大人たちは、メールやゲームをしたり、ウェブサイトを見たりする時間が増えて、どんどん人間との直接のコミュニケーションが苦手になっています。

　あなたはどうですか。人と会話する時間は増えていますか。減っていますか。本当に自分の言いたいことを言い、本当にしたいことをしようと思ったら、あなたは人とぶつかります。それが、あなたがあなたの人生を生きるということです。そういうときは、悲しむのではなく、「コミュニケーションの練習をしている」と思ってください。最初は苦しいですが、だいじょうぶ。スポーツと同じで、やればやるだけまちがいなく上達します。③そうして、あなたは大切な人と出会い、深くつながっていくのです。

（令和2年度版　光村図書出版『国語六　創造《そうぞう》』193〜195ページより
「大切な人と深くつながるために」鴻上尚史《こうかみしょうじ》）

3 ②「それ」とは、どのようなことですか。（各10点）

おたがいに［　　］はあるけれど、とりあえず［　　　　　　　　］を見つけること。

4 ③――について、大切な人と深くつながるためには、どういうことをすればよいですか。合うものを一つ選んで、○を付けましょう。（20点）

ア（　）人とぶつかることをさけて、自分の意見をおさえること。

イ（　）人とぶつかったとしても、自分の意見を曲げずにつらぬくこと。

ウ（　）人とぶつかりながらも、コミュニケーションを上達させていくこと。

「そうして」とあるので、前の内容を確認《かくにん》すればいいことがわかるね。

指示語・接続語

練習 ★★★

点

◆次の文章を読んで答えましょう。

〔理科で習うことはすぐには役に立たないから学ばなくてよいと考える人がいます。〕

これからの長い人生ですから、どんなことにぶつかるかわかりません。①そのときに慌《あわ》てないよう、自信を持って対処《たいしょ》できる強さを育てるために勉強している、と言えるかもしれません。スポーツで、実力を蓄《たくわ》える練習の段階《だんかい》と蓄えた力を発揮《はっき》する実戦の段階がありますね。人生という実戦段階を生きていくためには、練習を積み上げる段階が必要で、②それが学校で学ぶ時代なのです。［A］、むしろすぐに役に立たなくてもいいのです。だって、すぐに役に立つことは、すぐに役に立たなくなる、ということなのですから。

「いざ」ってときになってから習えばいいと思うかもしれません。［B］、その「いざ」ってときにどんな本を読んだらいいのか、インターネット情報のどれが正しいのか、誰《だれ》に相談したら信用できるのか、というようなことを正しく判断できるでしょうか？　勉強というのは、「いざ」というときに何を読めばよいか、どんな対策《たいさく》をすればよいか、を予《あらかじ》め学んでおくことで

1 ①「そのとき」とは、どのようなときですか。合うものを一つ選んで、○を付けましょう。（10点）

ア（　）長い人生を生きるとき。
イ（　）困難《こんなん》にぶつかったとき。
ウ（　）勉強しているとき。
エ（　）慌てているとき。

2 ②「それ」とは、何のことですか。文章から十一字で書きぬきましょう。（20点）

3 ［A］～［C］に入る言葉は何ですか。合うものを一つずつ選んで、記号を答えましょう。（各10点）

ア だから　イ しかし
ウ また　エ つまり

もあるのです。何も学んでいなければ、肝心《かんじん》なときになって、「いざ」勉強しようとしても間に合わないでしょう。勉強する仕方を知らないからです。学校で勉強するということは、何を参考にして調べたらいいか、どう考えていったらいいか、そんな「勉強の仕方を勉強する」という意味もあるのです。このことはすべての科目に共通していますが、理科は特に範囲《はんい》が広いので、学校で「学び方を学ぶ」のは重要なのです。それがないまま一人で机《つくえ》に向かって勉強しようとしても、何を勉強すればいいのかわからないでしょう。

③それだけでなく、たとえ一生に一度も使うことがなくても、知っておいた方がいいってことはたくさんあります。人生の先輩《せんぱい》である先人たちが苦労して見つけ出し、作り上げてきた成果を学べば、人間の想像力と創造力《そうぞうりょく》の素晴《すば》らしさを味わい、自分もちょっぴり豊かになったような気になると思います。私《わたし》たちの知的世界が広がるからです。［C］、むずかしい漢字を学ぶのも、いつか役に立つためだけでなく、漢字が発明されて以来、さまざまに工夫《くふう》されて多様に発展《はってん》してきたことを学び、人間の探究心《たんきゅうしん》や努力が次々と受け継《つ》がれて現在があるということを実感する目的もあります。学ぶということは、自分も④そのような人間の歴史的な知的活動に連なっていくという意味があるのです。

（池内了《いけうちさとる》『なぜ科学を学ぶのか』ちくまプリマー新書）

A（　　）　B（　　）　C（　　）

4 ③「それ」とは、どのようなことですか。（各10点）

「□□」というときの「□□□□□□」という勉強の目的。

5 ④「そのような人間の歴史的な知的活動に連なっていく」とはどういうことですか。「探究心や努力」という言葉を使って説明しましょう。（20点）

先人たちが作り上げてきた成果を学ぶことで、知的世界を広げ、

（　　　　　　　　）

「そのような」という指示語があるので、前の内容を確認《かくにん》すればいいことがわかるね。

次の文章を読んで答えましょう。

「雑草は踏《ふ》まれても～」こんな言葉をよく聞きます。「雑草は踏まれても［　］」この空欄《くうらん》には、どんな言葉が入るでしょう。もしかすると、あなたは、「立ち上がる」という言葉を思いついたかもしれません。「踏まれても踏まれても立ち上がる」それが、雑草のイメージですよね。しかし、それは間違《まちが》いです。じつは、雑草は踏まれると立ち上がらないのです。「雑草は踏まれても立ち上がらない」これが、本当の雑草魂《だましい》です。確かに一度踏んだくらいなら、立ち上がってくるかもしれません。［A］、何度も踏まれると雑草は立ち上がることはないのです。何だか、情けないと思うかもしれません。「せっかく雑草のように頑張《がんば》ろうと思っていたのに」とがっかりしてしまった人もいるかもしれません。しかし、①そうではありません。じつは、踏まれたら立ち上がらないことこそが、雑草のすごいところなのです。

雑草は踏まれたら、立ち上がりません。どうして、立ち上がろうとしないのでしょうか。考え方を少し変えてみることにしましょう。そもそも、どうして踏まれたら立ち上がらなければならないのでしょうか？ 植物にとって、もっとも大切なことは何でしょうか？ それは花を咲《さ》かせて、種を残すことです。②そうだとすれば、踏まれても踏まれても立ち上がろうとするのは、かなり無駄《むだ》なエネルギーを使っていることになります。そんな余計なことにエネルギーを割《さ》くよりも、踏まれながらも花を咲かせることのほうが大切です。踏まれながらも種を残すことにエネルギーを注がなければなりません。［B］雑草は、踏まれても踏まれても立ち上がるような無駄なことはしないのです。踏まれる場所で生きて行く上で、一番大切なことは、立ち上がることではありません。踏まれたら立ち上がらなければならないというのは、人間の勝手な思《おも》い込《こ》みなのです。もちろん、踏まれっぱなしという訳《わけ》ではありません。踏まれて、上に伸《の》びることができなくても、雑草は決してあきらめることはありません。横に伸びたり、茎《くき》を短くしたり、地面の下の根を伸ばしたり、なんとかして花を咲かせようとします。もはや、やみくもに立ち上がることなどどうでも良いかのようです。雑草は花を咲かせて、種を残すという大切なことを忘《わす》れはしません。

大切なことをあきらめることもありません。だからこそ、どんなに踏まれても、必ず花を咲かせて、種を残すのです。「踏まれても踏まれても大切なことを見失わない」これこそが、③本当の雑草魂なのです。

（稲垣栄洋《いながきひでひろ》『はずれ者が進化をつくる　生き物をめぐる個性の秘密《ひみつ》』ちくまプリマー新書）

1 [A]・[B]に入る言葉を、文章からそれぞれ三字で書きぬきましょう。（各10点）

A □□□

B □□□

2 ①「そうではありません」とは、どういうことですか。（15点）

雑草が□□□□わけではないということ。

3 ②「そうだとすれば」の「そう」とはどういうことですか。（20点）

〔　　　　〕

4 文章の内容として合うものを一つ選んで、○を付けましょう。（15点）

ア（　）踏まれて立ち上がることは、雑草にとって重要なことではない。

イ（　）雑草は踏まれることで、花を咲かせ、種を残すことができる。

ウ（　）雑草は立ち上がると、花を咲かせ、種を残すことができなくなる。

5 表現力

③「本当の雑草魂」について、あなたの考えたことを書きましょう。（30点）

〔　　　　〕

直前に「これこそが」とあるので、「本当の雑草魂」の内容は、前の文に書いてあるね。

場面

◆次の文章を読んで答えましょう。

〔小学五年生の野沢佑《のざわたすく》は、レポートを書くために、祖父が利用しているデイサービスについていった。〕

玄関《げんかん》は、佑の部屋くらいありそうなほど広かった。壁《かべ》際《ぎわ》には、いくつかベンチがしつらえてあって、お年寄りたちはそこで上ばきにはきかえていた。

「おじいちゃん、あそこで靴《くつ》をはきかえよう」

佑は祖父をあいているベンチに座《すわ》らせ、リュックから真新しい上ばきを二足出した。自分のと、祖父のもの。ひとつには、大内《おおうち》と書いてあり、もうひとつのほうは、野沢と書いてある。でかでかと。

上ばきは、母が買ってきた。これを見たとき、①佑はなんだか、胸《むね》のはじっこをつままれたみたいな気分になった。ふたつの上ばきは、サイズは違《ちが》うが同じデザインで、つまり、小学生が学校ではく、室内用のシューズだったのだ。

こんなのをおじいちゃんがはくなんて。

そう思ったら、なんだか、いたたまれない気持ちになったのだった。

けれども祖父のほうは、特に文句も

野沢
野沢
大内
大内

いつ、どこで、だれが、どうしたかに注目して、だれが何をしている場面かをとらえましょう。

1 この文章は、どこでの出来事がえがかれていますか。(20点)

デイサービスの（　　　　）。

場所を表す言葉に注目しよう。

2 ①——とありますが、佑が「胸のはじっこをつままれたみたいな気分」になったのはなぜですか。合うものを一つ選んで、○を付けましょう。(25点)

ア（　）自分がはく靴に、大きく名前が書いてあったから。

イ（　）祖父が、一人で靴をはくことができなくなっていたから。

ウ（　）祖父に、小学生のはくような靴が用意されていたから。

言わないで、靴をはきかえた。けがをしている右足首にはサポーターを巻《ま》いていたので、かかとを踏《ふ》んだままだが、なんとか納《おさ》まった。

「おはよございます」

はいてきた靴を下駄箱《げたばこ》に入れていると、ちょっと変わったイントネーションがきこえた。

祖父を支えて立ち上がり、声のほうを見ると、若《わか》い女の人が、にこにこ笑いながらこちらに向かってきていた。

②その人の姿《すがた》を、佑は思わず見返してしまった。二度見。

ほかの職員さんと同じエプロンをつけているが、頭からすっぽりと布をかぶっていて、そのはじを、首にぐるっと巻きつけている。外国人のようだった。首から下げた名札の肩書《かたがき》は、〝研修生〟となっていて、カタカナで、〝リニ〟と書いてあった。

「はじめましてです。大内さん」

女の人は、祖父のそばまで来ると、なぜか、両手を広げた。そして、あっと思う間もなく祖父の体を抱《だ》きしめた。さらに両方のほっぺたを、代わるがわるに祖父のほっぺたにくっつけた。外国人の挨拶《あいさつ》のあれだ。

「ハグからの～」

「チュウ」

ハグアンドキスの挨拶を、初めてリアルで目撃《もくげき》して、③佑たちはあっけにとられてしまった。

（まはら三桃《みと》『奮闘《ふんとう》するたすく』講談社）

3 ②「その人の姿を、佑は思わず見返してしまった」とありますが、どのような姿だったので、思わず見返してしまったのですか。文章から三十六字でさがして、最初と最後の五字を書きぬきましょう。（完答25点）

□□□□□ ～ □□□□□ 姿。

4 ③「佑たちはあっけにとられてしまった」とありますが、なぜあっけにとられたのですか。「祖父」「女の人」という言葉を使って書きましょう。（30点）

（　　　　　　　　　　）

③——の前の部分を、「だれ」が「どうした」かに注目して、よく読もう。

◆次の文章を読んで答えましょう。

［小学二年生の雅夫《まさお》は、夏休みに母の在所*に行き、いとこたちと遊び始めた。］

一番に行くのはお寺だ。子供《こども》が五人がかりで手をつないでも輪を作れない巨木《きょぼく》があって、そこでだるまさん転んだをやるのが手始めだ。

雅夫はついでに自転車の練習もしたかったので、在所の納屋《なや》にあった子供用自転車を借りて引いて行った。古びたポンコツなので、練習にはちょうどいい。油が足りないのか、動かすとキーキー音がした。

いとこたちのリーダーは恵子《けいこ》ちゃんだった。恵子ちゃんが仕切ったり、仲裁《ちゅうさい》したりして、①みんなでにぎやかに遊ぶ。

だるまさん転んだが一段落《いちだんらく》したところで、雅夫は恵子ちゃんに自転車の練習を手伝って欲《ほ》しいと頼《たの》んだ。サドルの位置が高かったので、足がちゃんとつかず、誰《だれ》かにうしろで持っていてもらわないと漕《こ》ぎ出《だ》せないのだ。

「うん、いいわよ」恵子ちゃんはやさしく応じてくれた。

姉と美子《よしこ》ちゃんもそばで見守った。

練習 ★★★

点

1 ①「みんなでにぎやかに遊ぶ」とありますが、みんなは、まず、どこで何をして遊びましたか。（各10点）

□□の境内で、□□□□□□□□をして遊んだ。

2 雅夫は、遊びに行くとき、何を借りて行きましたか。文章から十五字で書きぬきましょう。（15点）

□□□□□□□□□□□□□□□

3 雅夫が恵子ちゃんに自転車の練習を手伝って欲しいと頼んだのはなぜですか。（20点）

サドルの位置が高く、足がつかないので、

「雅夫君、肩《かた》に力が入り過ぎ。もっと力を抜《ぬ》いて」

「背筋《せすじ》を伸《の》ばして。そうそう。重心を腰《こし》に乗せる感じ」

恵子ちゃんは先生みたいだった。さすが六年生は頼《たよ》りになる。

　十分ほど練習を続けたところで、恵子ちゃんが高らかに言った。

「わかった。雅夫君の欠点がわかった」

『ものしり博士』のケペル先生のように、右の拳《こぶし》を左のてのひらに打ち付けている。

「あのね、雅夫君。すぐ下を向くからあかんの。もっと遠くを見るの。やってみて」

　雅夫はその通りやってみることにした。遠くを見る。そして肩の力を抜き、背筋を伸ばして漕ぎ出す。

　自転車はするすると進んだ。「凄《すご》い、凄い。そのまま漕いで、漕いで」恵子ちゃんが小走りについてくる。

「下を向いたらあかんよ。そのまま真正面を見て」

　自転車はふらつかなかった。どんどん加速する。石の段差があったが、ものともせず、乗《の》り越《こ》えた。「やった、やった。乗れた、乗れた」恵子ちゃんの声が背中《せなか》に降《ふ》りかかる。
　②境内《けいだい》の端《はし》まで行き、ブレーキをかけて止まった。雅夫は初めての経験に興奮《こうふん》した。とうとう自転車に乗れた。

（奥田英朗《おくだひでお》「夏のアルバム」・『ヴァラエティ』講談社）

＊在所…生まれ育った所。ふるさと。

（　　）

4　恵子ちゃんは雅夫に、自転車に乗るとき、どうするように言いましたか。三つ書きましょう。（各10点）

（　　）

（　　）

（　　）

5　②「境内の端まで行き、ブレーキをかけて止まった」とありますが、このとき、雅夫はどんな気持ちでしたか。合うものを一つ選んで、○を付けましょう。（15点）

ア（　）初めて自転車に乗ることができて、むねが高鳴る気持ち。

イ（　）自転車が思いがけず加速してしまい、止まってほっとする気持ち。

ウ（　）急に自転車に乗ることができて、不思議に思う気持ち。

◆次の文章を読んで答えましょう。

冬は井戸《いど》掘《ほ》りの季節だ。日光連山に雪を降《ふ》らした風は水気の無いからっ風で、ふもとには雪も雨も降らせない。鬼怒川《きぬがわ》の水も川の限度というくらいに浅く流れている。この時期に井戸を掘って水脈をあてれば、一年中その井戸の水はかれることはない。

たくやは以前、祖父の春《はる》さんから①そう聞いたことがあった。水のかかる仕事を冬にするのがふしぎでたまらなかった。

たくやの家では②きのうから、春さんと父親と母親とで信男《のぶお》さんの家の井戸掘りに行っていた。山を開墾《かいこん》して作った新田近くに、一年ほど前から住みはじめた信男さんの家にはまだ井戸がなかった。

きょうまでに背《せ》の高さ近くまで掘りおえて、掘った土《ど》砂《しゃ》をスコップでかき出すには限界がきていた。そうなると、やぐらを建てて、滑車《かっしゃ》を取り付け、穴《あな》の上からたるをおろしてやらないと、掘った土砂は取り出せない。暗くなるまでかかって、春さんたちはあしたのためにやぐらを建ててきた。

いよいよあしたから、滑車を使って土砂を取り出すらしい。土砂の入ったたるをつないだロープを引く人数は多いほどいい。

「あしたは日曜なんだから、③たくやも手伝え」

夕飯のとき、母親から言われた。

いつもだったら、手伝うのは昼前だけでいかんべとか言って、遊びに行く時間を作るのだが、とてもそんな気にはなれなかった。

理由はこの前の日曜日にあった。グループで発表した理科の研究が市のコンクールで銀賞になって、町の公会堂に展示《てんじ》された。それで担任《たんにん》の先生から、

「せっかくがんばったんだから、見てこい」と言われた。

すっかり乗り気になっているもりおやたけしたちを見ると、自分だけ行けないとは言えなくなってしまった。たくやにとってはバス賃《ちん》の百円がとほうもなく大金だった。

とうとうその日の朝まで、言いだすことができなかった。みんなと約束したバスの時刻間際《じこくまぎわ》になって、ようやく④母親にたのみこんだ。

「そんなごど、いままでなんでだまってたんだ。かあちゃんが、おめだげ行かせねわけなかんべ」

母親はきっぱりと言って、戸だなのおくから百円札を出してきた。話を聞いていた春さんまで百円くれた。た

応用 ★★★

点

くやはそのことに負い目を感じていた。
二百円は母親の仕事の一日分の日当に近かった。その分をたくやは返したいと思っていた。
（高橋秀雄《たかはしひでお》「井戸掘り――'60たくやの冬――」・『家族のゆきさき』偕成社《かいせいしゃ》）

1 ①「そう聞いたことがあった」とありますが、どんなことを聞いたことがあったのですか。（10点）

冬に井戸を掘って

（　　　　）

ということ。

2 ②「きのうから」、だれが、信男さんの家に何をしに行き、どんなことをしましたか。（各10点）

春さんと□□と□□が、信男さんの家の□□□□に行って、背の高さ近くまで穴を掘り、□□□を建てた。

3 ③「たくやも手伝え」とありますが、どんなことを手伝うのですか。（各5点）

（　　　　）を使って、（　　　　）を取り出すときに、□□□を引くこと。

4 ④「母親にたのみこんだ」とありますが、どんなことをたのみこんだのですか。合うものを一つ選んで、○を付けましょう。（10点）

ア（　）賞を取った展示を、町の公会堂にいっしょに見に行ってもらうこと。

イ（　）町の公会堂に展示を見にいくためのバス賃を出してもらうこと。

ウ（　）展示を見ることに乗り気のもりおたちに、自分は行けないと伝えてもらうこと。

5 表現力

たくやは、どんな気持ちから、井戸掘りを手伝おうとしているのでしょう。（25点）

（　　　　）

どんな出来事があって、たくやがどんな気持ちなのかを読み取ろう。

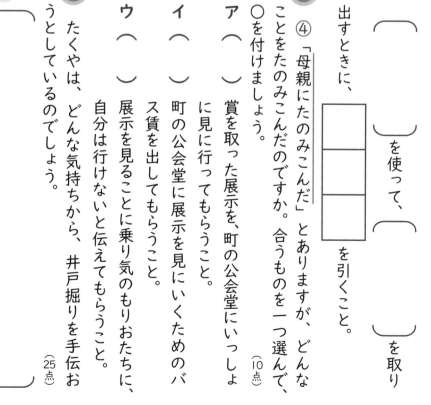

11

文学的文章

心情

基本 ★★★

◆次の文章を読んで答えましょう。

〔少年の弟のアツシは、小さいときから視力《しりょく》が悪い。明日、入院して、目の手術を受けることになっていた。〕

手術が成功すれば、視力はだいぶ上がる。いまほど分厚いメガネをかけずにすむし、ものがゆがんで見えるのも治る。でも、もしも失敗してしまうと――父も母も、そのことはなにも話さない。だから、少年も訊《き》けない。

「アッくん」前を向いたまま、声をかけた。「①なんで海に行きたいんだよ」

「なんとなく……」

「だって、おまえ、海なんかべつに好きじゃないだろ」

「でも……わかんないけど、なんとなく……」

「明日入院するから?」

少年の声は、かすかに震《ふる》えた。アツシの返事がなかったので、ハンドルを強く握《にぎ》りしめた。胸《むね》がつっかえて、どきどきする。胸の中には、まだ訊きたいことが残っている。

目の手術をするから? 手術に失敗するかもしれないから? もしも失敗したら目がどうなるのか、アツくん、知ってるの――?

登場人物の様子や行動、言葉、情景びょう写に注目して、心情をとらえましょう。

1 アツシの手術が成功すると、どうなりますか。(各10点)

□□が上がり、分厚い□□□□をかけずにすみ、ものが□□□□見えるのも治る。

2 ①「なんで海に行きたいんだよ」とありますが、少年は、アツシが海に行きたい理由をどのように考えていますか。合うものを一つ選んで、○を付けましょう。(20点)

ア( )目の手術で入院したら、しばらく海には来られないから。

イ( )目の手術をする前に、大好きな海を一目見ておきたいから。

点

道は上り坂になった。二人乗りで漕《こ》ぐのはもう無理だ。少年は胸をつっかえさせたまま、自転車から降《お》りた。アツシも荷台から降りようとしたが、「いいよ、おまえは乗ってて」と振《ふ》り向かずに言って、自転車を押《お》していく。

「らくちーん。牧場に行ったときみたい」

アツシは笑った。（中略）

②入院は二週間の予定だった。目の中にメスを入れるというのに、意外と短い。そんなに難《むずか》しい手術ではないのかもしれない。でも、もしも、もしも、もしも……と考えると、「もしも」の向こう側にあるものがどんどん近づいてくる気がする。怖《こわ》い。だったらなにも考えなければいいのに、勝手に考えてしまう。両親に文句を言いたい。もっと早く手術を受けさせていれば、少年も幼《おさな》すぎて「もしも」のことは考えずにすんでいたのに。

商工会館の建物が見えた。あと少し。少年は息を詰《つ》め、歯を食いしばって、自転車を押していく。汗《あせ》が目に滲《し》みる。拭《ふ》き取《と》りたくても、ハンドルを片手《かたて》で支《ささ》えるのは無理だ。目がチカチカして痛《いた》い。③汗と涙《なみだ》がにじんだ目に映《うつ》る風景は、揺《ゆ》れながらゆがんでいた。

（重松《しげまつ》 清《きよし》「おとうと」・『小学五年生』 文藝春秋《ぶんげいしゅんじゅう》）

ウ（　　）目の手術に失敗したら、海が見られなくなるかもしれないから。

3 ②「入院は二週間の予定だった」とありますが、このことから、少年はどのように考えましたか。（25点）

（　　　　　　　　　　　　　　　）

4 ③――の情景には、少年のどのような心情が重ねられていますか。合うものを一つ選んで、○を付けましょう。（25点）

ア（　　）アツシの手術は必ず成功すると、心から信じる気持ち。

イ（　　）アツシの手術が失敗するのではないかと、不安でたまらない気持ち。

ウ（　　）アツシに手術を受けさせるのはまだ早いのではないかと、疑問《ぎもん》に思う気持ち。

登場人物の心情は、情景に重ねて表現されることがあるよ。「情景」とは、何かを感じさせるような光景や景色のことだよ。「揺れながらゆがんでいた」風景が表す心情を考えてみよう。

◆次の文章を読んで答えましょう。

夫は、オーストラリアとニュージーランドへの海外出張から帰国する日の次の日から、北海道へ出張することになっていた。家族四人で夕食をとっているときのこと。


「荷物、まとめたの？」

「うん。何とかな」

「夏と冬の両極端《りょうきょくたん》の服を持っていかなくちゃならないもんね。オーストラリア、ニュージーランド経由北海道いきって感じだよね」

と娘《むすめ》が笑った。

「いったん家に帰ってくる。ホテルはキャンセルした」

「何いってんのよ。成田《なりた》からここに帰ってくると深夜になっちゃうよ。それでまたすぐに羽田《はねだ》に行かなくちゃならないんだよ。身体《からだ》がくたびれるから羽田か都内のホテルに泊《と》まった方が楽でいいって」

「そうだよそうだよ。①ばっかみたい」

「いいんだよ。いったん帰ってくる」

「だめよ。私《わたし》、ホテル取っとくから」

練習 ★★★

点

1 ①「ばっかみたい」について、あとの問いに答えましょう。

(1) 夫がどうすることを「ばっかみたい」と言っていますか。（各10点）

海外出張からもどった後、身体が□□□□□のに、いったん家に□□□□□こと。

(2) 夫は、なぜ、「ばっかみたい」なことをしようとしているのですか。（20点）

［　　　　］

2 □に入るたとえの表現として、合うものを一つ選んで、○を付けましょう。（20点）

ア（　）ポッとろうそくが灯《とも》ったような

イ（　）太陽が雲の間に入ったような

「いや、いいよ。帰ってくる」

「だめだめ、身体のこと考えなさいよ」

「そうだよ。お父さんは人がいいくせに分からず屋なんだから」

「俺《おれ》はお前たちの顔を見たいんだよッ。なんか文句あるかッ」

温厚な夫が表情を強張《こわば》らせた。珍《めずら》しいことだった。私たちの顔を見たいといったのも初めてのことだった。

私と娘はびっくりした。

「ある訳《わけ》ねえじゃねえか……」

ぼそりと、息子《むすこ》がいった。真っ赤になった。冷え冷えとしてしまった食卓《しょくたく》に、［　　］、あたたかい響《ひび》きだった。
②ハッとしてしまった。
「リモコンの早送りボタンを押《お》してお父さんに向けたら、すぐに帰ってくるかなあ」

夫が出張で家をあけるたびに、小さかった息子がさみしそうにつぶやいていたことを思い出した。「お父さんの匂《にお》いがする」と駅の改札を動かなかったことも。

「そうよ。ある訳ないじゃん。はいビール」

娘が真っ赤になって調子よくビールをついでやった。

コップを持つ夫が真っ赤だった。
③みんな真っ赤だった。
（川上健一《かわかみけんいち》「帰宅《きたく》」・『ｙｅｓ――お父さんにラブソング――』ＰＨＰ研究所）

ウ（　）風がヒュウッとふきぬけるような

3 ②「ハッとしてしまった」とありますが、「私」は、どんなことを思い出してハッとしましたか。（20点）

ア（　）小さかった息子が、出張の多い父の身体を気づかっていたこと。

イ（　）小さかった息子が、出張で父が不在の間、テレビでさみしさをまぎらわしていたこと。

ウ（　）小さかった息子が、出張に行った父の帰りを待ちわびていたこと。

4 ③「みんな真っ赤だった」のとき、「私」と息子、娘は、どんな気持ちでしたか。（20点）

ア（　）夫を気づかう家族の思いを理解しない夫に、あきれる気持ち。

イ（　）夫の家族への愛情を知り、照れくさいがうれしい気持ち。

ウ（　）夫が声をあらげたのにおどろき、とまどう気持ち。

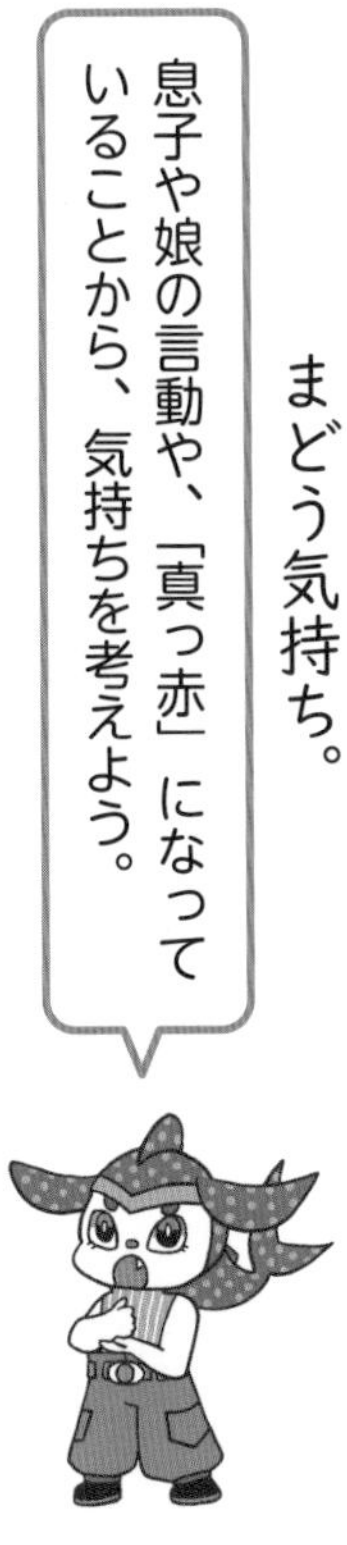
息子や娘の言動や、「真っ赤」になっていることから、気持ちを考えよう。

心情

◆次の文章を読んで答えましょう。

隼人《はやと》は一年生のときからずっと学級委員をしている。立候補《りっこうほ》したことはない。いつも誰《だれ》かに推薦《すいせん》されて、気がつくとやらされている。学期が変わっても再選してしまうのだ。ぐいぐいと皆《みな》を引っ張っていく辣腕《らつわん》タイプではない。説得して歩く、穏健《おんけん》なクラスのリーダーだった。

歓声《かんせい》が聞こえる。二人は走った。空き地を囲むチェーンをまたいだ。すでに学校の用具室から持《も》ち込《こ》んだグローブやバットを各自が手にしている。

「集まった？」大介《だいすけ》が尋《たず》ねる。「何人？」

林龍平《はやしりゅうへい》が応《こた》えた。「十八人になった。じゃ、チーム分けな。俺《おれ》と誠《まこと》でメンバー決めていこうぜ」

隼人は一気に暗くなった。仲間でやる野球では①残酷《ざんこく》なチーム分けが行われる。野球が上手《うま》い龍平と誠の二人が、自分のチームに欲《ほ》しい人間を交互《こうご》に取っていくのだ。隼人はいつも最後まで名前を言われない。野球をする前にすっかり落ち込む。龍平にも誠にも、他のことでなら勝てる。でも野球ではどうしても勝てない。あんな強い球を放れないし、遠くまで打てない。体育の授業中にする野球では先生がチーム分けする。学籍番号順《がくせきばんごうじゅん》や身長順で適当に

練習 ★★★

点

1 隼人は、どんな人物ですか。合うものを一つ選んで、○を付けましょう。（10点）

ア（　）みんなを力強く引っ張っていく、たよりになる人物。

イ（　）みんなをきちんと説得して物事を進める、おだやかな人物。

ウ（　）いつも自分から学級委員に立候補する、使命感の強い人物。

2 ①「残酷なチーム分け」について、次の問いに答えましょう。

(1) 「残酷なチーム分け」とは、どのようなやり方ですか。（25点）

野球が上手い二人が、二チームに分かれて、

［　　　　　　］

(2) 「残酷なチーム分け」が行われるとき、隼人はどんな気持ちになりますか。理由も分かるように書きましょう。（25点）

チーム分けされることになるので、メンバーによっては大差がつく。だからこうやってチーム分けしたほうが試合としてはおもしろいとわかっている。わかっているけど、へこむ。

大介は勉強もスポーツもできる。欠点なしだ。それが隼人には羨《うらや》ましくてしょうがない。一度でいいから野球で大介に勝ちたい。密《ひそ》かな願いだった。

予想通り隼人は最後に名前を言われた。龍平のチームで大介と一緒《いっしょ》になった。

龍平が言った。「隼人は九番でセンターな」

「うん」嫌《いや》と言える？　言えない。

「球きたら、直接ささなくていいからな。中継《ちゅうけい》しろよ」

「うん」

大介がグローブで肩《かた》を叩《たた》いた。「隼人、がんばろうぜ」

「うん」②まだエラーしてないのに惨《みじ》めな気分になるのはどうしてだろう。

隼人は外野に向かって走った。裏《うら》の神社との境にある金網《かなあみ》には、建設反対の文字が躍《おど》る幕《まく》が付けられている。

③センターの位置についた。神様、どうか球が飛んで来ませんように。龍平がピッチャーやるんだから、外野まで飛ばせるヤツは滅多《めった》にいない。大丈夫《だいじょうぶ》。三振《さんしん》で誠チームを切り刻《きざ》んでくれ。膝《ひざ》の屈伸《くっしん》運動をした。ポキポキ音がする。やな感じだ。

（桂《かつら》望実《のぞみ》『ボーイズ・ビー』小学館）

3 隼人が、②「まだエラーしてないのに惨めな気分になる」のは、なぜですか。合うものを一つ選んで、○を付けましょう。（15点）

ア（　）野球が上手くないため、全く期待されていないと感じるから。

イ（　）野球は苦手なので、エラーをしてチームに迷惑《めいわく》をかけるとわかっているから。

ウ（　）野球は好きではないのに、みんなに合わせてやらなくてはならないから。

4 ③「センターの位置についた」とき、隼人はどんな気持ちでしたか。（25点）

（　　　　　　　　）

◆ 次の文章を読んで答えましょう。

〔小学五年の「僕《ぼく》」は、勉強ができないので塾《じゅく》に入れられた。〕

塾がダメなら、今度はどこに押《お》しつけられるんだろう。このままずるずる中学へ行って、適当にイジメられて登校拒否《きょひ》なんかになって、ひきこもって最後は社会復帰塾、なんて仕組みなんだろうか。冷静すぎる読み、でも僕にとってはリアルだ。僕なんかどうだっていいのになあ、と僕自身が思っているんだからもうどうしようもない。

　そんな投げやりな気分だったから、ふと道沿《みちぞ》いにある高い板塀《いたべい》を見た時、①その向こう側へ行ってみようと思いついたのだろう。

　家から塾まで、二十分ぐらいの道のりは、住宅街《じゅうたくがい》の中ということもあってあまり変化がなく、周りの景色を気にしたことがなかった。けれどもある日、たまたま、左手に不自然な高さの板塀があるのに気付いたのだ。自分の身体《からだ》をふたつ縦《たて》に並《なら》べてやっと頭が出るくらい高いその塀は、朽《く》ちそうな木材とさびたトタンのパッチワークでできていた。今までここにあったのか、それとも昨日今日に出現したものなのかわからない。なにしろ東京郊《とうきょうこう》外《がい》だから、周りは隙間《すきま》なく一軒家《いっけんや》で埋《う》まっており、長い間空き地になっているのは不自然だ。でも、板塀はひどくくたびれていて、数年は雨風にさらされてきた感じもある。

　――この塀を越《こ》えたら異次元《いじげん》、だったりして。

珍《めずら》しく②無邪気《むじゃき》な空想がかきたてられ、塀の傍《そば》に寄ってみた。乱雑《らんざつ》なパッチワークには、思わせぶりな隙間がいくつかできている。目を近づけて覗《のぞ》いても暗闇《くらやみ》しかなく、ますます興味が湧《わ》き上《あ》がった。

　あちこち点検してみると、隣家《りんか》の塀との間に、トタンがはがれそうになっている箇所《かしょ》を見つけた。手をかけると、めりっと嫌《いや》な音がしたあと、釘《くぎ》がひとつ飛んでトタンがはがれた。へりで少し手のひらに切り傷《きず》をつけてしまう。痛《いた》みが走ったけれど、地面に手をつけば通れるくらいの穴《あな》ができたのを見るとそれも忘《わす》れた。

　リュックを下ろしてその辺に放り投げ、穴をくぐった。頭を上げた時、僕は［　　］。そこにあったのが、確かにある意味で異次元だったからだ。

　家を解体したんだろうか、鉄筋《てっきん》、木材、コンクリート……もろもろの建材が小山になって置き去りにされた中に、一本、③若《わか》い桜が立っていた。まだわずかしかない白い花が、道から射《さ》し込《こ》む街灯の光を返してぼんやりと発光している。気付くと僕は、指の先までこわばらせて、桜の花に見入っていた。風が吹《ふ》く。かすかに花が揺《ゆ》れる。そのはかなさ、うっすらと立つ甘《あま》い香り、そして瓦礫《がれき》の中に立つ細い幹の強さ——すべてに打ちのめされた。

（豊島《としま》ミホ「僕と桜と五つの春」・『花が咲《さ》く頃《ころ》いた君と』双葉社《ふたばしゃ》）

1 この文章を二つの場面に分けるとき、後半はどのまとまりから始まりますか。後半が始まるまとまりの初めの五字を書きぬきましょう。（10点）

□□□□□

2 ①「その向こう側へ行ってみようと思いついた」とき、「僕」はどんな気持ちでしたか。（各15点）

自分なんか□□□□□□

□という□□□□な気持ち。

3 ②「無邪気な空想」とは、具体的にどのような空想のことですか。（20点）

（　　　）

4 □に入る言葉として、合うものを一つ選んで、○を付けましょう。（15点）

ア（　）息を呑《の》んだ

イ（　）胸《むね》を痛めた

ウ（　）目を背《そむ》けた

5 ③「若い桜が立っていた」とありますが、「若い桜」を見たとき、「僕」はどんな気持ちになりましたか。文章中の言葉を使って書きましょう。（25点）

表現力

（　　　）

③——の後の「僕」の様子に注目しよう。

事実と意見

点

◆次の文章を読んで答えましょう。

1 植物・動物含《ふく》めて、いろいろな生命体が、一日８００種類近く絶滅《ぜつめつ》しているといわれています。

2 「１日８００種類も絶滅してるなんて信じられない」と思うでしょう。

3 人間は、①自分が知覚できる対象ばかり注目しているので、実感がわかないのです。つまりシロサイやクロサイ、ベンガルトラとかチンパンジーなど、こういうわかりやすい動物たちさえ生き残っていれば、自分たちも大丈夫《だいじょうぶ》だろうと思《おも》い込《こ》んでしまっているのです。でも、そういった目立つ野生動物が絶滅しないためには、じつはふだん人間が全然相手にしないような、虫とか雑草のようなもの、目立たない生き物の絶滅を食い止める必要があるのです。

4 アリマキがいなければアリが困《こま》るし、スズメガがいなくなったら風蘭《ふうらん》は受粉ができません。すべての生き物たちは、地球にとって欠くことのできないレギュラーメンバーなのです。ひとつが欠けると、連鎖《れんさ》的にその何百倍もの動物が消滅《しょうめつ》する可能性があるのです。

5 スズメガなんてくだらないよ、と思う人のために、

文末表現などに注目して事実と意見を読み分け、筆者の意見とそれを支えている事実をとらえましょう。

1 ①「自分が知覚できる対象」について、次の問いに答えましょう。

(1) これを言いかえた表現を、文章から七字で書きぬきましょう。（15点）

(2) これと対照的なものを、文章から八字で書きぬきましょう。（15点）

(1)は「シロサイや……チンパンジーなど」、(2)は「虫とか雑草のようなもの」を指しているよ。

2 ②「スズメガがいなくなったら風蘭は絶滅です」とありますが、それはなぜですか。（各10点）

少し説明しておきます。

⑥ 風蘭の花の下には「距《きょ》」といわれる、長くつ下のような袋《ふくろ》がとび出ているのですが、受粉するためには、そこにたまった蜜《みつ》を吸《す》いにくる生き物が必要不可欠です。花にとまって吸ってもいいのですが、たいがいの昆虫《こんちゅう》は口がそこまで届《とど》きません。花にとまらずに吸うとなると、空中で静止できる生き物が必要になります。長いくちばしを持ち、花にとまらずにそんなことができる生き物といったら、スズメガしかいません。だから②スズメガがいなくなったら風蘭は絶滅です。自然の、絶妙《ぜつみょう》な設計だと思いませんか？

⑦ こういう直接の相方みたいな関係でなかったとしても、間接的にその辺にいるちっぽけな虫が、風が吹《ふ》けば桶屋《おけや》がもうかる式に、人間につながってる可能性は非常に高いんです。

⑧ つまり地球上にいる生命体の種族は皆《みな》、精密《せいみつ》機械の部品のように、直接的、間接的に関連し合って成立していると思ってください。それはもう、天文学的な数の命の歯車になります。単純《たんじゅん》な機械は、一個二個の歯車が飛んだらわかりやすくダメになりますが、複雑《ふくざつ》な機械ほど一箇所《かしょ》か二箇所壊《こわ》れてもわからないものなのです。

（野村潤一郎《のむらじゅんいちろう》『サルが食いかけでエサを捨《す》てる理由《わけ》』　ちくまプリマー新書）

□□□□□□と、空中で□□することという、風蘭の花の（　　）を吸うための条件を備えているのはスズメガだけだから。

3 風蘭とスズメガの関係をもとに、筆者が意見を述べているのは、どの段落《だんらく》ですか。（20点）

第□段落

4 筆者は、風蘭とスズメガの関係をもとに、どのような意見を述べていますか。合うものを一つ選んで、○を付けましょう。（20点）

ア（　）地球の生物全部は関連し合っていることから、どんな生物も人間と関わりが深い。

イ（　）地球の生物はどれも平等に尊《とうと》いものであるということを忘《わす》れてはならない。

ウ（　）地球の生物にはさまざまな種類があり、人間が知っているのはそのうちのわずかだ。

風蘭とスズメガの関係について、最後の二つの段落の内容を読み取ろう。

事実と意見

◆次の文章を読んで答えましょう。

日本人は自己《じこ》主張が苦手だと言われる。*1グローバル化の時代だし、もっと自己主張ができるようにならないといけないなどと言う人もいる。でも、日本人が自己主張が苦手なのには理由がある。そして、それはけっして悪いことではない。

では、アメリカ人は堂々と自己主張ができるのに、僕《ぼく》たち日本人はなぜうまく自己主張ができないのか。

それは、そもそも日本人とアメリカ人では自己のあり方が違《ちが》っていて、コミュニケーションの法則がまったく違っているからだ。

アメリカ人にとって、コミュニケーションの最も重要な役割《やくわり》は、相手を説得し、自分の意見を通すことだ。お互《たが》いにそういうつもりでコミュニケーションをするため、遠慮《えんりょ》のない自己主張がぶつかり合う。お互いの意見がぶつかり合うのは日常茶飯事《さはんじ》なため、まったく気にならない。

一方、日本人にとって、コミュニケーションの最も重要な役割は何だろう。相手を説得して自分の意見を

1 第一段落《だんらく》で事実が書かれているひと続きの二文を探《さが》し、最初の五字を書きぬきましょう。（10点）

□□□□□

2 「アメリカ人は堂々と自己主張ができるのに、僕《ぼく》たち日本人はなぜうまく自己主張ができないのか」に対する筆者の意見が述べられている一文を文章から探《さが》し、最初の五字を書きぬきましょう。（10点）

□□□□□

3 次の表は、アメリカ人と日本人にとっての(1)コミュニケーションの役割と、(2)自己主張についてまとめたものです。空欄《くうらん》に入るものを後から選んで記号を答えましょう。（各15点）

	アメリカ人	日本人
(1)	（　）	（　）
(2)	（　）	（　）

点

通すことだろうか。そうではないだろう。僕たちは、自分の意見を通そうというより前に、相手はどうしたいんだろう、どんな考えなんだろうと、相手の意向を気にする。そして、できることなら相手の期待を裏切《うらぎ》らないような方向に話をまとめたいと思う。意見が対立するようなことはできるだけ避《さ》けたい。そうでないと気まずい。

つまり、僕たち日本人にとっては、コミュニケーションの最も重要な役割は、お互いの気持ちを結びつけ、良好な場の雰囲気《ふんいき》を醸《かも》し出《だ》すことなのだ。強烈《きょうれつ》な自己主張によって相手を説《と》き伏《ふ》せることではない。

だから自己主張のスキル*2を磨《みが》かずに育つことになる。自己主張が苦手なのは当然なのだ。その代わりに相手の気持ちを察する共感性を磨いて育つため、相手の意向や気持ちを汲《く》み取《と》ることができる。

相手の意向を汲み取って動くというのは、僕たち日本人の行動原理といってもいい。コミュニケーションの場面だけではない。たとえば、何かを頑張《がんば》るとき、ひたすら自分のためというのが欧米《おうべい》式だとすると、僕たち日本人は、だれかのためという思いがわりと大きい。

（榎本博明《えのもとひろあき》『〈自分らしさ〉って何だろう？　自分と向き合う心理学』ちくまプリマー新書）

＊1　グローバル化…人間の活動が世界規模《きぼ》で行われるようになること。

＊2　スキル…技術。

ア　堂々と自己主張を行い、相手とぶつかり合ってもまったく気にしない。

イ　相手を説得し、自分の意見を通すこと。

ウ　自己主張が苦手だが、相手の意向を汲み取ることができる。

エ　互いの気持ちを結びつけ、良好な場の雰囲気を醸し出すこと。

4　筆者は、「自己主張」に関する日本人とアメリカ人のちがいを、どうとらえていますか。「自己主張」という言葉を使って説明しましょう。（20点）

両者は自己のあり方が違うため、

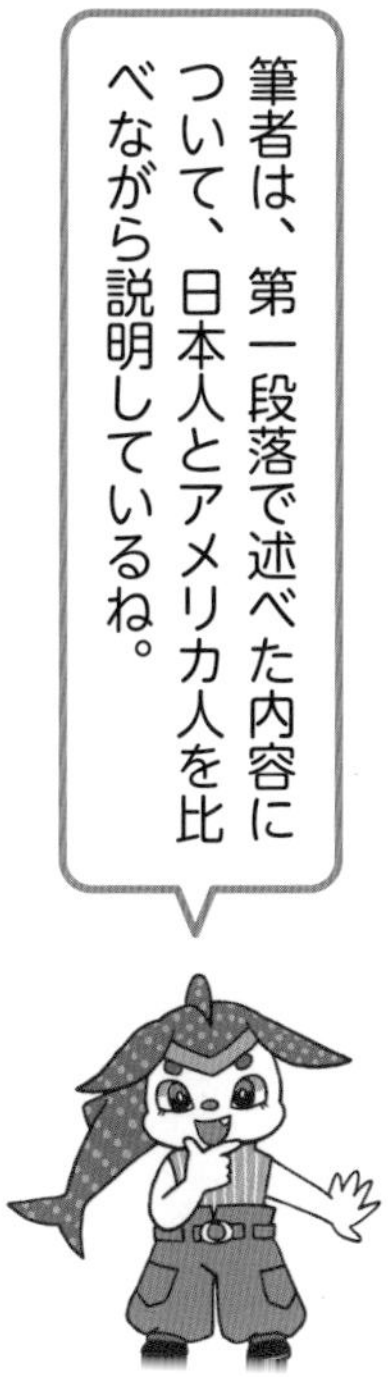
筆者は、第一段落で述べた内容について、日本人とアメリカ人を比べながら説明しているね。

事実と意見

◆次の文章を読んで答えましょう。

1 会議ではよく「この件に関しましては、そういうことでよろしいでしょうか？」などと議長が参加者に質《ただ》す。「この件」「そういうこと」。部外者には何のことかさっぱりわからないが、会議に参加しているメンバーは、こうした代名詞《だいめいし》だけで理解できる。ひととおり座《ざ》を見回した議長は、誰《だれ》も何も言わないのを見計らって「ご異議《いぎ》がございませんようですので、この件はそのように進めさせていただきます」と、その場を締《し》めくくる。

2 ①日本の会議は、こんな風に進行される事も少なくない。誰も何も言わないことによって②暗黙《あんもく》の合意が形成されてしまう。その結論《けつろん》に対して誰かが責任を取るのではなく、その場に居合わせたみんなで責任を共有する。

3 言葉や行為《こうい》ではなく、表に出さない密《ひそ》かな思惑《おもわく》によって物事を進めることを「腹芸《はらげい》」というが、これも腹芸の一種だろう。何も言わない。「　」とカギカッコの中は空っぽ。それでも意思が伝わる。これは③日本的なコミュニケーションの特徴《とくちょう》の一つで、しばしばわかりにくいとされる。

4 A 別の角度から見れば、非常に高度なコミュニケーションともいえると思う。誤解《ごかい》を招く危険《きけん》性の高さ。責任の所在を明らかにしない曖昧《あいまい》さ。そうしたマイナス面があることを承知《しょうち》の上で、私《わたし》たち日本人はこうした「 B 」を介《かい》したコミュニケーション」を選んできた。ということは、そこになにがしかの効率性があるからである。

5 「意味の交差点」というものがあるとしよう。道路の交差点では、信号というルールに従《したが》って事故が起こらないように整然と自動車が行《い》き交《か》う。④人と人とのコミュニケーションも同じこと。「意味の交差点」では互《たが》いに意見を戦わせるが、他人の話を遮《さえぎ》らない、人格攻撃《こうげき》はしない、といった一定のルールに則《のっと》っているからこそ、ケンカにはならない。それでもしばしば「交通事故」は起きる。信条や宗教《しゅうきょう》の違《ちが》いなど、論議《ろんぎ》では埋《う》められない衝突《しょうとつ》点というものもある。

6 C 「意味の交差点」の真ん中に空っぽの空間があったらどうだろう。そこにさしかかったら全員、自分の思うようにそこを解釈《かいしゃく》してよい、と決めておくとするなら互いにぶつかることはない。「交通事故」は起こりにくい。日本人が選んだ「空っぽのコミュニケーション」

とは、そういうことかもしれない。

7 アメリカの有名なインターネット企業《きぎょう》、グーグル本社の勉強会で僕《ぼく》が以上のような話をすると、意外にわかってもらえる。GoogleやYahoo!のような検索《けんさく》エンジン*1も、ワールドワイドウェブ*2の中にある巨大《きょだい》な「空っぽ」である。その中では、膨大《ぼうだい》な分量のコミュニケーションが直接的な言語のやりとりなしで世界中を飛《と》び交《か》っている。ネット社会において、「阿吽《あうん》の呼吸《こきゅう》」や「腹芸」といった⑤「暗黙のコミュニケーション」がどのように繰《く》り広《ひろ》げられ、どんな機能を果たしているのか、もう少し精密《せいみつ》に分析《ぶんせき》されてもいいと思う。

（原研哉《はらけんや》「日本のデザイン、その成り立ちと未来」・『創造するということ〈続・中学生からの大学講義〉3』ちくまプリマー新書）

*1 検索エンジン……キーワードなどによって検索できるようにしたシステム。

*2 ワールドワイドウェブ……世界中のネットワークを接続してできた巨大なネットワーク。

1 事実を述べた部分と意見を述べた部分に分けると、意見を述べた部分はどの段落《だんらく》から始まりますか。（10点）

第□段落

2 ① 「日本の会議」についての説明として合うものを一つ選んで、○を付けましょう。（10点）

ア（　）参加者全員が納得《なっとく》のいくまで議論した後は、誰もその結論に対して文句を言うことはない。

イ（　）参加者にしか理解できない代名詞を使ったり、言葉を発さないままに結論が出されたりする。

ウ（　）議長が圧倒《あっとう》的に強い力を持っており、参加者はその言葉に誰一人逆らうことができない。

3 ② 「暗黙の合意」について、次の問いに答えましょう。

(1) 「暗黙の合意」とは、どのようなものですか。「責任」という言葉を使って説明しましょう。（10点）

（　　　　）

(2) 「暗黙の合意」と同じ意味を表している言葉を、文章から二字で書きぬきましょう。（5点）

□□

⬅次のページに続きます。

4 ③「日本的なコミュニケーション」のマイナス面の説明として合うものを一つ選んで、○を付けましょう。（10点）

ア（　）誤解を招く危険性が高いことと、責任の所在が曖昧であること。

イ（　）言葉や態度で示さなくても意味が通じることと、効率よく結論が出せること。

ウ（　）難《むずか》しい言葉を使わなくても意味が通じることと、仲間の結束が強まること。

5 A・Cに入る言葉は何ですか。合うものを一つずつ選んで、記号を答えましょう。（各5点）

ア　さらに　イ　しかし　ウ　つまり

エ　では　オ　たとえば

A（　）　C（　）

6 Bに入る言葉を、文章から三字で書きぬきましょう。（5点）

□□□

7 ④「人と人とのコミュニケーションも同じこと」とは、どういうことですか。（各5点）

道路の交差点で、□□□□□□□□に従うことで□□が起こらないように、人と人とのコミュニケーションでも、□□□□□□に則っているからこそ□□□にはならないのだということ。

表現力

8 ⑤「『暗黙のコミュニケーション』」について、文章を読んで考えたことを書きましょう。（20点）

「暗黙のコミュニケーション」は、「日本のコミュニケーション」のことだね。

事実と意見

応用 ★★★

点

◆次の文章を読んで答えましょう。

1 おもしろいことに、①表情は相手を説得する場合にも有効です。話をしているとき、ここは相手によくわかってほしい、というときに眉毛《まゆげ》を上げて相手の目を見ると、印象が違《ちが》ってきます。学生時代、なぜかその人と話をすると説得されてしまうという人がいたのですが、その人は、「そうでしょう？」と言うときに、少し眉毛を上げて、じっと視線《しせん》を合わせるような話し方をしていました。話の要所要所でそういう表情を見せられると、つい、うん、うん、と首を縦《たて》に振《ふ》って賛成してしまうから不思議でした。

2 眉毛の動きというと変な感じがするかもしれませんが、人形を使った腹話術《ふくわじゅつ》などでも口だけではなく、眉毛も動くようになっている人形が多いようです。眉毛(もう少し厳密《げんみつ》に言うと目の回り全体)の動きは意外に大切なのです。そういえば「 A 」ということわざもあります。

3 ついでながら、あの②レオナルド・ダ・ヴィンチの「モナリザ」の絵ですが、眉毛が見えません。モナリザの微笑《びしょう》は、楽しいのか、悲しいのか、それともほかの感情なのか、よくわからない不思議な微笑だと言われています。確かに何か不思議な感じがするのですが、このことは、眉毛が見えないということとも関係があるように思います(もちろん、背景《はいけい》や喪服《もふく》と言われる黒い服などの意味もあります)。 B のです。

4 目のことが話題になりましたが、もう一つ大切なのは③視線《しせん》です。どこを見るかということですが、特に、相手の目と視線を合わせることをこれはアイコンタクト(eye contact)といいます。

5 これも文化によって違います。 C 、バングラデッシュでは、目上に対しては下をむいたまま話をするそうです。日本でも、昔はどちらかというとそうだったようですし、今でも、日本では、子供《こども》が親に怒《おこ》られるとき、じっと親の目を見たりはしません。話を聞いているという印として、相手の目を時々は見ますが、じっと見つめることは、むしろ、反抗《はんこう》の気持ちを表すことになるのではないでしょうか。

6 一方、イギリスの人から聞いたのですが、小さいころ、親からしかられるとき、よく

⬅次のページに続きます。

「私《わたし》の目を見なさい！」

と言われたといいます。相手の目を見ないことは、相手の話をきちんと聞かないということなのだそうです。

7 D 、日本でも、相手と話をする場合には、きちんと思いを伝えるとき、時々は相手の目を見るのが普通《ふつう》のようです。学生時代、面接試験の時は、相手のネクタイのあたりを見なさい、と教えられましたが、自分が面接員になった時の個人的印象では、ぼんやりと目を合わせないままでいるよりは、むしろ時々は相手の目を見てしっかりアイコンタクトを取るほうが自信をもって話をしているような気がします。

（森山卓郎《もりやまたくろう》『コミュニケーションの日本語』岩波ジュニア新書）

1 ①「表情は相手を説得する場合にも有効です」とありますが、具体的にはどういうことですか。（各5点）

話すときに（　　　）相手の目を見るようにすると、相手は言われていることに思わず（　　　）ということ。

2 A に入る言葉として合うものを一つ選んで、○を付けましょう。（10点）

ア（　）目は口ほどにものを言う
イ（　）目には目を歯には歯を
ウ（　）目から鼻にぬける

3 ②「レオナルド・ダ・ヴィンチの『モナリザ』の絵」とありますが、この事例によって、筆者はどのような意見を強調していますか。合うものを一つ選んで、○を付けましょう。（10点）

ア（　）すぐれた画家は、人の顔の部分の中でも特に眉毛に注目することが多いということ。

イ（　）眉毛がないことによって、表情がさまざまに受け止められることがあるということ。

ウ（　）顔の部分のうち、眉毛が最も相手に気持ちを伝える役割《やくわり》を果たしているということ。

4 B に入る言葉として合うものを一つ選んで、○を付けましょう。（10点）

ア（　）眉毛が見えていたとしても、伝わってくる感情に変化はない
イ（　）目などの表情によって伝わる感情とい

うものも意外に大きい

ウ（　）目などの表情から伝わってくる感情などほとんどない

5 C・Dに入る言葉は何ですか。合うものを一つずつ選んで、記号を答えましょう。（各5点）

ア つまり　**イ** ただし　**ウ** しかも

エ たとえば　**オ** しかし

C（　）　D（　）

6 ③「視線」について、次の問いに答えましょう。

(1) バングラデッシュでは、目上の人に話をするとき、「視線」はどのようにするのですか。（10点）

（　　　）

(2) 日本で、子供が親に怒られるときに親の目をじっと見ることは、どんな気持ちを表すことになりますか。（10点）

（　　　）

(3) イギリスで、子供が親に怒られるときに親の目を見ないことは、どういう意味になりますか。（10点）

（　　　）

(4) 筆者は「視線」に関して、面接のときはどのようにすべきだと考えていますか。合うものを一つ選んで、○を付けましょう。（10点）

ア（　）面接官とずっと目を合わせたままにする。

イ（　）面接官とは目を合わせないようにする。

ウ（　）面接官の目を時々見るようにする。

7 この文章を読んでわかったことや思ったことを書きましょう。（10点）

表現力

（　　　）

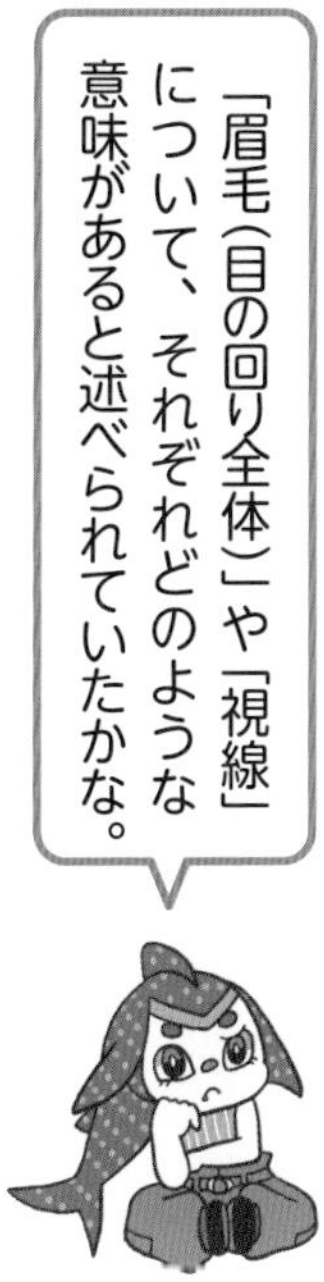
「眉毛（目の回り全体）」や「視線」について、それぞれどのような意味があると述べられていたかな。

段《だん》落《らく》の内容

◆次の文章を読んで答えましょう。

[1] 真意を的確に読み取れる読解力のある人は、どんな小説を読んでもどんな映画《えいが》を観《み》ても、作者や監督《かんとく》の意図をあまり外さずに＊1把握《はあく》できますが、読解力のない人は、何を読んでも何を観てもことごとく外します。そうした読解力の＊2欠如《けつじょ》によって、ときに社会人としての資質を疑《うたが》われる恐《おそ》れもあるのです。

[2] 多種多彩《たさい》な球種を投げるピッチャーが増えた現代野球では、何よりボールを芯《しん》で捉《とら》える確実なミート力が重要視《じゅうようし》されます。同様に、さまざまな情報が複雑《ふくざつ》に行《い》き交《か》っている現代社会では、相手の言葉の真意を捉えて誤解《ごかい》や取《と》り違《ちが》えをしない「言葉のミート力＝大人の読解力」が不可欠になります。

[3] 読解力というのは現代を生《い》き抜《ぬ》くのに必要な共通の能力なのです。

[4] 「言葉」はそれひとつだけで成り立っているものではありません。

[5] 言葉は、他の言葉とつながって、連なって、文になることで意味を持ちます。[　]、他のどんな言葉

それぞれの段落《だんらく》に書かれている内容を読み取り、冒頭《ぼうとう》の言葉などをヒントにして、段落どうしの関係をとらえましょう。

1 [1]～[3]の段落の内容に合うものを一つ選んで、○をつけましょう。（20点）

ア（　）読解力のない人は、映画を観ても心から楽しめない。

イ（　）現代野球と現代社会は、よく似た仕組みを持っている。

ウ（　）読解力は、現代社会に生きるために必要な能力である。

2 「『言葉』はそれひとつだけで成り立っているものではありません」とありますが、どういうことですか。（各10点）

言葉は他の言葉とつながって[　　]になることで意味を持ち、つながり方によって同じ言葉でも

と、どのようにつながるかによって、同じ言葉でもその意味合いや*3ニュアンスは変わってきます。

6 さらに言葉がつながった文は、他の文とつながり合いながら展開《てんかい》し、文章というひとつの「意味の織物」のようになります。

7 こうした言葉や文のつながりや関係性をしっかりと見極《みきわ》め、そのなかで意味を的確に把握する力を、「文脈を読む力=文脈力」といいます。

8 文章を書くときには、これまでに書いてきたことをふまえ(前)、論理《ろんり》的に先の展開へとつながるように(後)、という「前後関係」を考えながら書くことが大事になります。筋道《すじみち》が立っていない、唐突《とうとつ》で論理的なつながりがない、前と後で意味が*4矛盾《むじゅん》している——こうした脈絡《みゃくらく》のない文章では、意味が正しく伝わりません。

9 文章を読むときにも、これまでに書かれてきたことをふまえ、この先、どのようにつながって続いていくのか、という展開を推測《すいそく》しながら読む。前後関係を無視して一語一文を単体のまま読んでいても、書き手の真意を正しく汲《く》み取《と》れません。

（齋藤孝《さいとうたかし》『大人の読解力を鍛《きた》える』幻冬舎新書《げんとうしゃしんしょ》）

*1 把握…理解すること。　*2 欠如…欠けていること。
*3 ニュアンス…表面には表れない、言葉の意味合い。
*4 矛盾…つじつまが合わないこと。

（　　　）や（　　　）が変わるということ。

3 [　]に入る言葉は何ですか。合うものを一つ選んで、記号を答えましょう。(10点)

ア あるいは　イ さらに　ウ では　（　　）

4 8の段落には、どのようなことが書かれていますか。(各10点)

[　][　][　][　][　]ときには、「[　][　][　][　]」を考えながら書くことが大切である。

5 9の段落には、どのようなことが書かれていますか。(20点)

（　　　　　）

9の段落の冒頭に、「文章を読むときにも」とあることから、前の段落の内容を受けていることがわかるね。

段落《だんらく》の内容

◆次の文章を読んで答えましょう。

[1] アサガオのツルの先端《せんたん》はまっすぐに伸《の》びているように見えます。しかし、実際には、巻《ま》きつくものを探《さが》すように、円を描《えが》いて回っています。この①ツルの先端が描く円の幅《はば》には、範囲《はんい》があります。

[2] [A]、ツルが巻きつく棒《ぼう》やひもの太さには限界があります。棒やひもは、細い場合には、ツルの描く円の中に入るので、ツルが巻きつくことは容易です。細い針金《はりがね》や細い糸には、ツルは巻きつくことができます。

[3] [B]、棒が太い場合には、ツルが描く円の中に棒は入りきれません。この場合、円を描いているツルは巻き込《こ》むことができませんから、ツルは巻きつけません。私《わたし》が知っているかぎり、ツルが棒を巻き込める棒の太さは、直径約一〇センチメートル以下です。

[4] ツルは、巻きつくだけでなく、ずり落ちないで、上へ伸びます。ずり落ちないためには、棒やひもはきっちりと巻きつける太さでなければなりません。細いひもや糸の場合には、ツルはびっしり巻きつくことがで

練習 ★★★

1 ①「ツルの先端が描く円の幅」について、次の問いに答えましょう。

(1) 「ツルの先端が描く円の幅」については、[1]の段落《だんらく》から何段落目までに書かれていますか。（10点）

第□段落まで

(2) 筆者によると、「ツルの先端が描く円の幅」は、どれくらいですか。文章から書きぬきましょう。（15点）

〔　　　　〕

2 [A]・[B]に入る言葉は何ですか。合うものを一つずつ選んで、記号を答えましょう。（各10点）

ア つまり　イ たとえば　ウ そのため
エ なぜなら　オ しかし

A（　）　B（　）

3 ②「棒が太い場合や、棒の表面がツルツルの場合には、『どうして、ツルはずり落ちないのか』という疑問が浮かびます」とありますが、この疑問に対してどのように説明されていますか。（各10点）

点

きます。ところが、②棒が太い場合や、棒の表面がツルツルの場合には、「どうして、ツルはずり落ちないのか」という疑問《ぎもん》が浮かびます。

[5] ツルがずり落ちないための原動力は、ツルが上へ伸びる成長力です。ツルは棒やひもに巻きつけば、上に伸びる成長によりずり落ちません。また、下へずり落ちないために、ツルには強く巻きつく力があります。

[6] この力を知るには、巻きついているツルをほどいてみればいいのですが、容易にはほどけません。それほど、ツルは強く巻きついているのです。上へ伸びる成長を続けながら、強く巻きつき、ずり落ちるのを防いでいるのです。

[7] しかし、それだけではありません。アサガオのツルをそっと触《さわ》ってみると、無数の細く短い毛がいっぱい生えています。その毛を注意深く観察すると、下向きになっています。下向きに生えていると、ずり落ちるときの抵抗《ていこう》により、ずり落ちるのを止めることになります。こうして、無数の毛が、ツルが下にずり落ちるのを防いでいるのです。

（田中修《たなかおさむ》『植物はすごい　七不思議篇《へん》』中公新書）

ツルが□□□□□□□□□
□と□□□□□□
□、□□□に生えている無数の
□□□□□によってずり落ちる
のを防いでいる。

4 [5]～[7]の段落の関係の説明として合うものを一つ選んで、○を付けましょう。（15点）

ア（　）[5]・[6]の段落で述べられている内容の理由を、[7]の段落で述べている。

イ（　）同じ話題について、[5]・[6]の段落の内容に[7]の段落で別の内容を付け足している。

ウ（　）[5]・[6]の段落で述べられている内容とはまったく別の話題を、[7]の段落で述べている。

[7]の段落の冒頭《ぼうとう》の「しかし、それだけではありません。」という一文に注目しよう。

段《だん》落《らく》の内容

応用 ★★★

点

◆ 次の文章を読んで答えましょう。

1 ロシアの「シベリア」と言えば、酷《こっ》寒《かん》の地の代名詞《だいめいし》でもありました。ところが、この地で①異変《いへん》が起こっています。シベリアでは今、*1クレーター状の窪地《くぼち》が大規模《ぼ》な爆発《ばくはつ》とともに出現しているのです。もちろんこれらのクレーターは、決して隕石《いんせき》の衝突《しょうとつ》によるものではなく、背景《はいけい》にあるのは地球温暖化《おんだんか》と言われています。

2 そもそも②なぜシベリアのような酷寒の地で、タイガと呼《よ》ばれる大規模な針葉樹林《しんようじゅりん》が広がっているのでしょう。実はシベリアは気温が低いだけでなく、植物の生育に必要不可欠な降水《こうすい》量も少ないのです。一般《いっぱん》に年降水量が500㎜を下回ると樹木は見られなくなると言われていますが、この地にあるヤクーツクは、年降水量が234・0㎜ととても少ないのです。ヤクーツクの最も降雨《こうう》の多い七月の平均降水量は45㎜程《ほど》ですが、これは東京都で最も降雨の少ない一月の平均降水量48㎜を下回っています。

3 それでも針葉樹が生育できるのは、地下にある永久凍土《とうど》のおかげです。この③永久凍土には二つの機能があります。ひとつは、地中にある永久凍土が「容器の底」となり、降水を地表から永久凍土の間に貯水することです。もし永久凍土が存在《そんざい》しなければ、いずれ降水は地下水となって排出《はいしゅつ》されてしまいます。もうひとつは、夏季になるとシベリアの地でも気温が上がるために、地表に近い永久凍土の一部が*2融解《ゆうかい》して、土壌《どじょう》に水分を供給《きょうきゅう》するという機能です。つまりこれまでは、永久凍土を*3維持《いじ》するための地温(地中の温度)は絶妙《ぜつみょう》なバランスの上に成り立ってきたのです。

4 [A] この永久凍土の融解が近年急速に進んでいるのです。その要因は二つあって、まずひとつに輸出用の木材として針葉樹が大量に伐採《ばっさい》されていることがあります。その結果、これまで地表を覆《おお》っていた針葉樹がなくなったことで、太陽光が直接地表を照らすようになり、地温が上昇《じょうしょう》しやすくなってしまうのです。こうして永久凍土の融解が進んでいます。

5 [B] もうひとつが地球温暖化です。直射《ちょくしゃ》日光が地表を照らさなくとも気温上昇だけで既《すで》に永久凍土が溶《と》け始《はじ》めているのです。永久凍土が融解すると、次《し》第《だい》に地盤《じばん》が＊4沈下《ちんか》し地表に窪地が現れます。ちなみにこのようにして形成された窪地を「サーモカルスト」と言います。

（宇野《うの》仙《たける》『ＳＤＧｓは地理で学べ』ちくまプリマー新書）

＊1　クレーター…天体衝突によってできた地形。
＊2　融解…とけること。　＊3　維持…保つこと。
＊4　沈下…しずんで下がること。

① ①「異変」とはどのようなことですか。（15点）

（　　　　）

② ②——の理由として合うものを一つ選んで、○を付けましょう。（15点）

ア（　）地下にある永久凍土から水分を得られるから。
イ（　）降水量が多く、植物の生育に適しているから。
ウ（　）気温が低いうえに、降水量も非常に少ないから。

③ ③——の「二つの機能」とは何と何ですか。（各10点）

・「□□□□」となり、降水を地表から永久凍土の間に□□□□機能。
・永久凍土の一部が融解して、（　　　　）という機能。

④ Ａ・Ｂに入る言葉は何ですか。合うものを一つずつ選んで、記号を答えましょう。（各10点）

ア　だから　イ　そして　ウ　ただし
エ　ところが　オ　たとえば

Ａ（　）　Ｂ（　）

⑤ 表現力

第4・5段落には何が書かれていますか。（20点）

（　　　　）

4の段落の「その要因は二つあって」に注目し、「その」の指示内容と、二つの要因を読み取ろう。

22

文学的文章

場面・心情の変化

基本 ★★★

点

◆次の文章を読んで答えましょう。

「9月からなの」

と、ことさらなんでもないふうをよそおってママが言ったそのときになって、どんかんなわたしたち——パパとわたし——は、ママが、このあいだまで通っていたなんとかっていうフランス料理の本校——パリにある——に行くつもりになっているんじゃないかって思《おも》いはじめた。ようやく。

「9月からなのって、きみ、まさか行くつもりじゃないよね」

「①そのまさかよ」

ママがとびきりの笑顔《えがお》で答えた。

「ママ！」

わたしとパパはほとんど同時に声をあげた。

「あたし、転校するのなんていやだよ。せっかく受験してはいった学校だよ。友だちもできたし。ぜったいいや。それにね、いきなり行って、言葉なんかわかるわけないじゃん。外国に行ってこまらないのは赤《あか》ん坊《ぼう》だけだよ。ママだって、そうでしょ。いままでママが

時や場所、登場人物の変化に注目して、登場人物にどんな出来事があり、その結果どんな気持ちになったのかをとらえましょう。

1 ①「そのまさかよ」とは、どういう意味でしょう。(20点)

9月から、「わたし」のママは、

（　　　　　　）

という意味。

2 ②「必死になってわたしは言った」とありますが、「わたし」は、ママを止めるために、どんなことを言いましたか。合うものを二つ選んで、○を付けましょう。(各15点)

ア（　）もう受験はしたくないということ。

イ（　）転校するのはいやだということ。

ウ（　）言葉がわからないので、フランスに行っ

フランス語しゃべるの、聞いたことないもん」
②必死になってわたしは言った。
〔ママは、行くのは自分だけで、「わたし」は行かなくてもいいと言った。〕
③ママがいなくなる。そう思うだけで、涙《なみだ》がじわっとあふれそうになる。
大事だとかかわいいとかママの菜穂《なほ》ちゃんとか、そんな言葉でさんざんだまされてきたみたいな気分になる。

強い絆《きずな》で結ばれていると思ってたのに。

母親なんて、子どもが思ってるほどには、子どものことを思ってないのかもしれない。それとも、うちのママだけの特殊《とくしゅ》事情？

ママが出ていくのは9月になってからでも、ママの気持ちのなかでは、わたしのことは捨《す》てたも同然で、わたしの気分では、捨てられたも同然だった。いきなりの一方的な通告。

「あたしはぜったいみとめない」

そう宣言《せんげん》してパパを見た。パパはのんきな顔してたばこを吸《す》っている。わたしは、猛烈《もうれつ》に腹《はら》がたってきた。


（石井睦美《いしいむつみ》『卵《たまご》と小麦粉それからマドレーヌ』ＢＬ出版）

エ（　）たらこまるということ。フランス語はむずかしいので話せないということ。

3 ③「ママがいなくなる」ことを知った「わたし」は、どんな気持ちになりましたか。（各10点）

今まで□□□で結ばれていると思っていたが、□□□な通告をされ、□□□□□も同然の気持ちになった。

4 この文章の中で、「わたし」の気持ちはどのように変化したでしょう。合うものを一つ選んで、〇を付けましょう。（20点）

ア（　）おどろき↓いかり↓あきらめ
イ（　）悲しみ↓いかり↓あきらめ
ウ（　）おどろき↓悲しみ↓いかり

出来事と、それに対する「わたし」の言葉や様子、気持ちを表す言葉に注目して、「わたし」の気持ちを順に追っていこう。

場面・心情の変化

点

◆次の文章を読んで答えましょう。

〔団地に住む美月《みづき》は、ピーコというインコを飼っている。不在中に部屋が暑くなっていた。〕

①窓《まど》を開けっ放しにしておけばいいのかもしれないけれど、最近、団地は物騒《ぶっそう》だ。空き巣が頻発《ひんぱつ》していると、このあいだも回覧板《かいらんばん》が回っていた。部屋が二階だからといって、油断はできない。

②エアコンをつけっ放しにしておけば安心だけど、去年そうしてすごい金額の電気料金を請求《せいきゅう》されたから、今年《ことし》はきっと母親がしぶるにちがいない。

空気が入れかわったのを確認《かくにん》してから、窓を閉《し》めた。それからいつものようにピーコを部屋に放ってやる。ピーコはうれしそうに部屋から部屋へと飛び回った。

――よかった。元気そうで。

ほっとした美月は、③かごの掃除《そうじ》にとりかかった。フンでよごれた新聞紙をとりかえ、食べ残しのエサからごみをとりのぞき、きれいな水を入れてやる。

いそがしくしているうちに、いつもだったら肩《かた》に止まったり、新聞紙をつついたり、じゃまばかりするピーコがやけに静かなことに気がついた。

1 ①「窓を開けっ放しにしておけばいい」、②「エアコンをつけっ放しにしておけば安心」の暑さ対策《たいさく》に対して、美月はそれぞれどのように考えていますか。（各10点）

①…空き巣が頻発しているので、（　　　　）だ。

②…□□□□が高くなるので、□□がしぶる。

2 ③「かごの掃除にとりかかった」とき、美月はどんな気持ちでしたか。（20点）

（　　　　）

3 ④「顔から血の気が引いた」とありますが、美月がこのようになったのはなぜですか。「から。」に続くように、文章から十八字で書きぬきましょう。（20点）

——ピーコ?

④顔から血の気が引いた。ばたばたとせまい家の中を走り回った。

「ピーコ、ピーコ」

いつもだったら、よぶとどこからかすぐに飛んでくるピーコの羽音が、聞こえなかった。

台所の窓が開いていた。

⑤しまった! 閉め忘《わす》れたんだ。

ひざががくがくして立っていられなくなった。美月はへなへなと台所のリノリウムの床《ゆか》に座《すわ》りこんだ。冷たさがはいのぼって、ぶるりと全身がふるえた。そのあと、

「こうしちゃいられない」

あわてて立ちあがった。さがしにいかなきゃ。階段《かいだん》を三段飛ばしで駆《か》けおり、表の桜の木を見あげる。しげった葉のあいだから、明るさを増した三日月がのぞいていた。

「ピーコ!」

声をしぼってよんでみる。

「ピチュピチュ」という鳴き声が聞こえるかと期待して耳をそば立てた。だが、ジーという耳鳴りみたいな音が聞こえただけだった。

(八束澄子《やつかすみこ》『団地のコトリ』ポプラ社)

から。

4 ⑤「しまった! 閉め忘れたんだ」のあと、美月の気持ちはどのように変化しましたか。三つ選んで、変化する順に記号を書きましょう。(完答30点)

ア 自分をふるい立たせて、ピーコをさがそうとする気持ち。

イ ピーコはもう見つからないのではないかと、あきらめる気持ち。

ウ ピーコが外へ出てしまったと気づき、ぼう然とする気持ち。

エ ピーコがよびかけに答えるのではないかと、期待する気持ち。

オ ピーコをにがしたことを母親にしかられると思い、おびえる気持ち。

(　　)→(　　)→(　　)

出来事と、美月の様子や行動の変化に注目して、気持ちを順番にとらえていこう。

場面・心情の変化

◆次の文章を読んで答えましょう。

目の前を、自転車をひいた人が横ぎった。そのときうしろの荷台にのせてあった傘《かさ》がポロリと落ちるのが見えた。小さなおりたたみ傘だった。

自転車のおにいさんは①それには気づかず、行きすぎようとしている。ミオは思わずひろいあげ、あとを追った。

「すいません」

ミオはうしろすがたに声をかけた。でもおにいさんはふりかえらない。

「すいません」

もう一度大きな声を出した。道を行く人たちはなにごとかとミオに注目するのに、②かんじんのその人だけがふりかえらない。きこえないはずがなかった。わざと無視《むし》しているとしか考えられなかった。

ミオは心をきめた。世界がどんな悪意をもっていようとかまわない。その手にはのらない。クールでいく。

追いかけていってうでをつつき、どなるようにいった。

「カサ、おとしましたっ」

おにいさんはやっとふりむいた。神経質そうな目が前《まえ》髪《がみ》のあいだからのぞいた。背《せ》が高かったので見おろされたかっこうになった。

ミオはにらみつけて向き合い、それから果たし状でも渡《わた》すようにおにいさんの手に傘をおしつけ、クルリと背中を向けた。

肩《かた》をそびやかしてミオは進んだ。ひざこぞうの傷《きず》がピリピリと痛《いた》んだけれど、ずんずんと大またで歩いた。

③あたしはまけない。ぜったい泣かない。

だれかに肩をつつかれた。

ふりむくと傘を渡したおにいさんだった。おにいさんはミオに向かってしきりに手ぶりをして見せた。

それでやっと事情がのみこめた。その人は耳がよくきこえないのだ。だからミオのよびかける声もわからなかったのだ。

おにいさんはミオの手をそっととった。そして手相でも見るように手の平を上に向けた。そこにおにいさんは指でなぞって字を書いた。ゆっくりと書いた。くすぐったかったけれどがまんした。とてもかんたんな字だったから、すぐに読みとれた。

ありがとう

ミオは顔を上げた。

どんよりとした雨雲がきれ、太陽は西の空にかがやいた。風はやみ、みかん色の陽《ひ》がおだやかに町を照らした。とりのこされた水滴《すいてき》があちらこちらで光を散らした。

こういうことってあるんだな。④ちいさなことで奇跡《きせき》のように世界が変わること。ほほえもうとしたミオはどうしたわけかうまくいかず、はんたいにベソをかいてしまった。

（安東《あんどう》みきえ「ラッキーデイ」・『天のシーソー』理論社《りろんしゃ》）

---

1 ①「それ」とは、どんなことを指していますか。（20点）

自転車のうしろの荷台にのせてあった、

（　　　　）

2 ②「かんじんのその人だけがふりかえらない」について、あとの問いに答えましょう。

(1) ②――のことから、ミオはどのように感じたのですか。（各10点）

おにいさんが、ミオをわざと［　　］して

いると考え、世界が自分に［　　］をもって

いると感じた。

(2) おにいさんがふりかえらなかった本当の理由はなんでしょう。（20点）

（　　　　）

3 ③「あたしはまけない。ぜったい泣かない」と思っていたミオの気持ちが変化したことが分かる情景描《びょう》写《しゃ》を一続きの三文で探《さが》し、最初の五字を書きましょう。（20点）

［　　　　　］

4 ④「ちいさなことで奇跡のように世界が変わる」とありますが、ミオの心情は、どんなことがあって、どのように変化したのでしょう。（20点）

表現力

世界を敵《てき》のように思っていたミオの気持ちが、

（　　　　）

ミオが「ちいさなこと」と言っているのは、どんな出来事かな。

25

文学的文章

全体像

◆次の文章を読んで答えましょう。

〔立花輝《たちばなてる》が学校に行くと、昇降口《しょうこうぐち》に人だかりができていた。〕

「密《みつ》じゃん」

まずくね？　あの距離《きょり》、と思わず一歩後じさったそのとき、人だかりの中から同級生の葉麗華《ようれいか》が抜《ぬ》け出《で》てきたので、

「何ごとだよ？」

と聞く。

「黒板アート」

「え？」

アートという言葉に、一瞬《いっしゅん》、ぴくっと輝の眉《まゆ》が動いた。

「だれが描《か》いたのかなあ。新一年生向けのメッセージつき。めっちゃうまいよ、マジ驚《おどろ》いた」

（中略）

午前だけの授業を終えて、昇降口に向かう。幸い、黒板の絵は消されていなかった。さすがに朝のような人だかりもなく、輝はじっくりとその絵を観察した。

先週、準備登校とかで、学年別に登校したときには、こんな絵は影《かげ》も形もなかった。

植野《うえの》中学の校舎、校庭の桜。そして、校舎の上階か

登場人物の言葉や様子、行動からわかる心情や考え方に注目して、それを通して作者が最も描きたかったことをとらえましょう。

1 「人だかり」は、何のためにできていたのですか。（25点）

〔　　〕

2 黒板に描かれた絵に興味を持っていることが表れている輝の行動を、十五字でさがして書きぬきましょう。（25点）

3 輝は、黒板に描かれた絵を見て、どのように感じたのですか。合うものを一つ選んで、〇を付けましょう。（25点）

基本 ☆☆★

点

ら望める秩父《ちちぶ》の山並《やまな》みと富士山の絵が、何色ものチョークを使って見事に描《えが》かれている。
　そして、
《新一年のみんな、入学おめでとう！　君たちの中学生活が充実《じゅうじつ》したものになりますように。コロナに負けるな！》
　という文字が、きっちりとした楷書体《かいしょたい》で添《そ》えてあった。
　黒板アートについては、教室でもひとしきり話題になっていた。あれだけうまい絵だから、新一年のお祝いと励《はげ》ましのために、先生がサプライズで描いた、という説が有力視《ゆうりょくし》されていた。でも、どの先生か、ということになるとだれもが首を傾《かし》げる。第一容疑者《だいいちようぎしゃ》──容疑者というのも変だが──は美術教師の浅茅《あさじ》先生だが、輝には、どう考えてもキャラじゃない気がした。
　輝は美術部員だが、とりたてて絵がうまいわけではない。それでも、絵の善《よ》し悪《あ》しはわかる。あの絵が見事なできばえで、自分にはとうてい描けないことも。
たかがチョーク、されどチョーク。チョークだけで、こんなに柔《やわ》らかく、かつ力強い絵が描けるとは。遠い山並みは青く、富士山に雪が残るのは四月の光景だろうか。けぶるような薄桃色《うすももいろ》の桜。よく見ると濃《こ》いピンクのチョークに白がまぶしてある。
　輝の目は今、その絵に釘付《くぎづ》けになっている。

（濱野京子《はまのきょうこ》『マスクと黒板』講談社）

ア（　）チョークのみで柔らかさと力強さが表現され、自分の力量ではとても描けないすぐれた作品。

イ（　）絵の善し悪しがよくわからない自分にも、明らかに見事なできばえだということがわかる作品。

ウ（　）チョークだけで描いたとは思えないほど細やかで、自分もいつか描いてみたいと思える作品。

最後から二つ目のまとまりに注目して読み取ろう。

4 この文章では、どのようなことが中心にえがかれていますか。合うものを一つ選んで、○をつけましょう。（25点）

ア（　）黒板の絵を描いた人をつきとめることに夢中になる主人公の姿《すがた》。

イ（　）黒板に描かれた絵に心をうばわれている主人公の姿。

ウ（　）黒板に絵を描いた人物の力量をうらやむ主人公の姿。

（中略）の後の輝の行動や様子に注目して、輝のどのような姿がえがかれているかをとらえよう。

◆次の文章を読んで答えましょう。

〔「私《わたし》」は、自分で書いた童話を、童話大賞に応募《おうぼ》した。〕

結果が出るまでの間は、ものすごくドキドキした。あの話はありふれてはいるけれど、案外スタンダードな展《てん》開《かい》っていうのが悪くなかったりして、などと考えた。大賞をもらう場面を何度も想像してにやつき、そんなにうまくいくわけないよね、と自分に言い聞かせて口元を引《ひ》き締《し》め、でも努力賞くらいはもらえるかも、と思ってまたほくそ笑《え》んだ。

①普段《ふだん》、むすっとしていることの多い私がにやついてばかりいたので、留那《るな》にはもちろん、他の同級生や先生にまで、何かいいことでもあったの？　と訊《き》かれた。別に、と答えながら、まだにやにやしていたものだから、気持ち悪いなあ、としまいには不気味がられてしまうほどだった。

だけど、結果は惨敗《ざんぱい》。パン屋さんに張り出された審査《しんさ》結果によれば、一次審査も通らなかった。

ものすごくへこんだ。学校にも行く気になれず、二日間、仮病《けびょう》を使って休んだ。でも、家で一人で寝《ね》ていると、よけいに気が滅入《めい》った。それで三日目、仕方なく学校に行ったのだが、気が付くと下を向いてため息ばかりついていた。

1 ①「普段、むすっとしていることの多い私がにやついてばかりいた」のはなぜですか。合うものを一つ選んで、○を付けましょう。（15点）

ア（　）自分の書いた童話はきっと大賞をとれると確信していたから。

イ（　）初めて自分でも満足できる童話が書けたという手ごたえがあったから。

ウ（　）自分の書いた童話が評価されるのではないかと期待していたから。

2 「私」の審査の結果はどうでしたか。文章から十一字で書きぬきましょう。（15点）

3 ②「留那に訊かれたが、答えられなかった」とありますが、「私」が答えられなかったのはなぜですか。（各10点）

童話を書いていることを、子供っぽく

どうしたの？　と②留那に訊かれたが、答えられなかった。童話を書いて賞に応募して落ちたなんて、言えるわけがない。

　だいたい童話を書いているということ自体、子供《こども》っぽいというか、オタクっぽいというか、夢見がちといおうか、どっちにしても変わり者だと思われそうで打ち明けにくいのだ。ぽかんと呆《あき》れられたり、私の机《つくえ》の上にあった原稿用紙《げんこうようし》を見つけたときの母のように、何これ？　と当惑《とうわく》したような顔をされたら耐《た》えられない。

（中略）

　私は十四歳《さい》。自分で言うのも変だが、まだまだこれからだ。周囲の大人《おとな》に尋《たず》ねても答えはきっと同じだろう。まだまだこれからだよ。そう言うに決まっている。

　でも、本当にそうなのだろうか。まだまだこれから、なんて甘《あま》いことを思っていていいのだろうか。失敗は成功のもと、と思うのが失敗のもとのような気がする。

　ダメなものは、ずっとダメなんじゃないだろうか。努力したって無駄《むだ》なことっていうのはきっとある。多少でも文章を書く才能や力があれば、一次審査くらいは通ったんじゃないだろうか。繰《く》り返《かえ》しそんなことを考えてしまう。


（永井《ながい》するみ「ハンカチの木」・『Ｌｏｓｔ　ａｎｄ　Ｆｏｕｎｄ―さがしもの』ポプラ社）

□□がちだと感じ、打ち明けて、□□
□□だと思われたくなかったから。

4　審査の結果から、「私」はどのように考えましたか。（各10点）

多少でも文章を書く□□や力があれば、
評価されるはずなので、今、評価されない自分は、
□□しても□□なのではないか。

5　この文章を通して、どのようなことがえがかれていますか。合うものを一つ選んで、○を付けましょう。（20点）

ア（　）将来《しょうらい》の夢が見つからずに落ちこむ、主人公の姿《すがた》。

イ（　）自分の夢を追うことに自信が持てずになやむ、主人公の姿。

ウ（　）失敗を教訓としてがんばろうとする、主人公の姿。


「私」の様子、行動、心の中の言葉に注目して考えや心情をとらえ、どのようなことがえがかれているか考えよう。

27
文学的文章
全体像
応用 ★★★
点

◆ 次の文章を読んで答えましょう。

将棋《しょうぎ》を始めて4か月の小学5年生「ぼく（野崎翔太《のざきしょうた》）」は、こども将棋教室で山沢君《やまさわくん》と対戦したあと、両親とともに教室の有賀《ありが》先生によばれた。

「翔太君ですが、成長のスピードが著《いちじる》しいし、とてもまじめです。今日の一局も、じつにすばらしかった」

有賀先生によると、山沢君は小学生低学年の部で埼玉《さいたま》県《けん》のベスト4に入るほどの実力者なのだという。来年には研修会に入り、奨励会《しょうれいかい》試験の合格、さらにはプロの棋士《きし》になることを目標にしているとのことだった。

「小学5年生の5月でアマチュア初段《しょだん》というのは、正直に言えば、プロを目ざすには遅《おそ》すぎます。しかし野崎君には伸《の》びしろが相当あると思いますので、親御《おやご》さんのほうでも、これまで以上に応援《おうえん》してあげてください」

そう言うと、①有賀先生は足早に廊下《ろうか》を戻《もど》っていった。

まさか、ここまで認《みと》めてもらっているとは思わなかったので、ぼくは呆然《ぼうぜん》としていた。将棋界のことをなにも知らない父と母は、②キツネにつままれたような顔をしている。二人とも、すぐに仕事に戻らなければならないというので、詳《くわ》しいことは今晩《こんばん》話すことにした。

103号室に戻り、カバンを持って出入り口にむかうと、山沢君が立っていた。ぼくより20センチは小さくて、腕《うで》も脚《あし》もまるきり細いのに、負けん気の強そうな顔でこっちを見ている。

「つぎの対局は負けないよ。絶対に勝ってやる」

「うん、また指そう。そして、一緒《いっしょ》に強くなろうよ」

ぼくが言うと、③山沢君がメガネの奥《おく》の目をつりあげた。

「なに言ってんだよ。将棋では、自分以外はみんな敵《てき》なんだ」

小学2年生らしいムキになった態度がおかしかったし、「自分以外はみんな敵だ」と、ぼくだって思っていた。

「たしかに対局中は敵だけど、盤《ばん》を離《はな》れたら、同じ将棋教室に通うライバルでいいんじゃないかな。ぼくは初段になったばかりだから、三段になろうとしているきみをライバルっていうのは、おこがましいけど」

④ぼくの心ははずんでいた。個人競技である将棋にチームメイトはいないが、ライバルはきっといくらでもあらわれる。勝ったり負けたりをくりかえしながら、一緒に強くなっていけばいい。

「そういえば、有賀先生のおとうさんが教えた大辻弓彦《おおつじゆみひこ》さんっていうひとが、関西の奨励会でがんばっているんだってね。大辻さんが先にプロになって、きみとぼくもプロになって、いつかプロ同士で対局できたら、すごいよね」

奨励会試験に合格するにはアマ四段の実力が必要とされる。それに試験では奨励会員との対局で五分以上の星をあげなければならない。合格して奨励会に入っても、四段＝プロになれるのは20パーセント以下だという。⑤それがどれほど困難《こんなん》なことか、正直なところ、ぼくにはよくわかっていなかった。でも、どれほど苦しい道でも、絶対にやりぬいてみせる。

「このあと、となりの図書館で*棋譜《きふ》をつけるんだ。今日の、引き分けだった対局の」

ぼくが言うと、山沢君の表情がほんの少しやわらかくなった。

「それじゃあ、またね」

三つも年下のライバルに言うと、ぼくはかけ足で図書館にむかった。

（佐川光晴《さがわみつはる》『駒音高く《こまおと》』実業之日本社《じつぎょうのにほんしゃ》）

＊ 棋譜…将棋や碁《ご》の対局の手順を記録したもの。

1 ①「有賀先生は足早に廊下を戻っていった」とありますが、このとき「ぼく」はどんな気持ちでしたか。合うものを一つ選んで、〇を付けましょう。（10点）

ア（　）対戦した山沢君は、年下だが自分よりもはるかに実力があると知り、くやしい気持ち。

イ（　）これからプロを目ざすのは遅すぎるとはっきりわかり、がっかりする気持ち。

ウ（　）思っていた以上に先生が自分を認めてくれていると知り、非常におどろく気持ち。

2 ②「キツネにつままれたような顔」とは、どのような顔ですか。合うものを一つ選んで、〇を付けましょう。（10点）

ア（　）わけがわからず、ぽかんとした顔

イ（　）だまされているのではないかと、疑《うたが》う顔

ウ（　）どうしていいかわからず、不安そうな顔

3 ③「山沢君がメガネの奥の目をつりあげた」のはなぜですか。（各10点）

将棋では、□□□□□□□だと思っているのに、「ぼく」に、□□□
□□□□□□□□と言われたから。

←次のページに続きます。

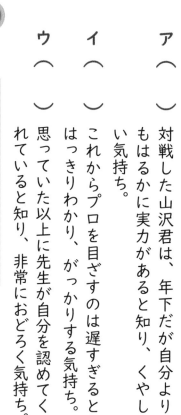

4 ④「ぼくの心ははずんでいた」とありますが、このとき、「ぼく」はどんな気持ちでしたか。文章中の言葉を使って書きましょう。（10点）

④――のあとに注目しよう。「ぼく」の気持ちが説明されているよ。

5 ⑤「それ」について、次の問いに答えましょう。（各10点）

(1) 「それ」とは、どんなことですか。

□□□に入って、□□の棋士になること。

(2) 「ぼく」は、「それ」に対して、どのように思っていますか。文章から二十二字で書きぬきましょう。（10点）

6 この文章を通して、「ぼく」のどのような姿《すがた》がえがかれていますか。「困難」「ライバル」という言葉を使って書きましょう。（20点）

表現力

「ぼく」の言葉や様子、心の中の言葉から「ぼく」の気持ちや考えをとらえて、どのような姿がえがかれているかを考えよう。

28

文学的文章

全体像

応用 ★★★

点

◆次の文章を読んで答えましょう。

〔自転車のジュニアクラブに入るのを辞退《じたい》した洋《ひろし》は、自転車に乗る気を失っていた。〕

自分で自分のコントロールができなくなっていた。何人もの自分に引《ひ》き裂《さ》かれている感じだ。気持ちが悪くて仕方がない。

深夜、祖父《じい》さんが眠《ねむ》るのを待って、洋は風呂《ふろ》に入った。湯船にはまだあたたかい湯がたっぷりと残っていた。かけ湯で汗《あせ》を流し、湯船に身を横たえた。天井《てんじょう》を見上げ、目を閉《と》じた。湯の温《ぬく》もりがじわじわと体に染《し》み込《こ》んでくる。①体の中の汚《よご》れが溶《と》け出《だ》していくようだ。

なんとかしないとな。

つぶやいてみる。腹《はら》や脇《わき》を手でこすると、体が緩《ゆる》んでいるのがわかった。皮膚《ひふ》の下にうっすらと柔《やわ》らかい肉がついている。自転車に乗っている時にはなかった、脂肪《しぼう》をたっぷりとふくんだ肉だ。

とん、と小さな音が聞こえて、目を開けた。とんっ、とんっ。音は一定のリズムを刻《きざ》んでいる。ちょっと不気味だ。上体を起こし、窓《まど》ガラスをじっと見た。すりガラスにこぶしほどの大きさの白いものが当たっては離《はな》れていく。光に誘《さそ》われた蛾《が》だ。窓ガラスにぶつかり、跳《は》ね飛《と》ばされ、またぶつかる。何度も懲《こ》りずに繰《く》り返《かえ》していた。

（中略）

もう一度、息を吐《は》いた。その瞬間《しゅんかん》、体の中にあったつっかえ棒《ぼう》が折れた感じがした。ぽきりと折れる音が体に響《ひび》き、振動《しんどう》が指先にまで伝わってくるようだった。

馬鹿馬鹿しい。洋はつぶやいた。悩《なや》むことなどないのに。自転車に乗りたくなければ、乗らない。乗りたければ、乗る。

明日、決着をつけよう。自転車に乗ってみる。楽しければ、乗り続ければいいし、楽しくなければ、下りればいい。

単純《たんじゅん》だ。でも、それが一番性《しょう》に合っている。

おれは単純なのだ。

湯船の中で手脚《てあし》を伸《の》ばして、洋は声に出してつぶやいた。

それが昨夜だ。

朝、玄関《げんかん》で仕事に出かける祖父さんを見送った。祖父さんも昨夜のささいな口論《こうろん》にはこだわっていなかった。

「今日は出かけるよ」

洋が言うと、そうか、と頑丈《がんじょう》な作業靴《さぎょうぐつ》を履《は》きながらう

⬅次のページに続きます。

なずいた。

　玄関を出てから、振《ふ》り返《かえ》って言った。

「腹をすかせて帰ってこい」

　久しぶりに自転車用のジャージとパンツを身につけ、ロードバイクを部屋から下ろした。念入りに車体を点検して、二本のボトルにたっぷりと山の湧《わ》き水《みず》を入れて出発した。

　最初の数分間は違和感《いわかん》があった。けれど、すぐに感覚が蘇《よみがえ》ってきて、ロードバイクは体に馴染《なじ》んだ。短い空白期間はないも同然だった。

　洋は川沿《かわぞ》いの舗装《ほそう》路に出ると、雲見峠《くもみとうげ》を目指した。夜はまだ明けたばかりだ。空気はひんやりとして、山の湿《しっ》気《け》を帯びている。息をする度《たび》に新鮮《しんせん》な空気が体の奥《おく》に流《なが》れ込《こ》み、血と混じり合って新しい力となった。体の中に澱《よど》んでいたガスが汗《あせ》と熱とになって排出《はいしゅつ》される。全身に汗をかく頃《ころ》には、②体は単純な＊内燃《ないねん》機関に変わっていた。

　なにも考えずに足を回す。リズムをキープして呼吸《こきゅう》をしながら、洋は腹の底からじわじわと湧き上がってくる喜びを感じていた。息は苦しい。けれど、楽しい。やはり自転車は最高だ。

（川西蘭《かわにしらん》『セカンドウィンド1』小学館）

＊内燃機関…機関の内部で燃料が燃焼《ねんしょう》している熱機関のこと。

1 この文章を二つに分けるとしたら、後半はどのまとまりから始まりますか。後半の初めのまとまりの、最初の五字を書きぬきましょう。（10点）

□□□□□

2 ①「体の中の汚れが溶け出していくようだ」とありますが、このとき、洋はどんな気持ちでしたか。合うものを一つ選んで、○を付けましょう。（10点）

ア（　）自転車に乗らないうちに緩んでしまった体を元にもどさなくてはと、あせる気持ち。

イ（　）自身のコントロールができず、どうしていいかわからない心の状態を変えたいと思う気持ち。

ウ（　）感情のコントロールができず、何もする気になれない自分を認《みと》めようと思う気持ち。

3 風呂に入っている場面で、洋の心情が大きく変化したことを、たとえの表現を用いて表している部分を一続きの二文で探《さが》し、最初の五字を書きぬきましょう。（10点）

□□□□□

4 ❸のとき、洋は、どのようなことを決意しましたか。文章の言葉を使って書きましょう。（15点）

（　　　　　　　　）

5 ②「体は単純な内燃機関に変わっていた」について、次の問いに答えましょう。

(1)「体は単純な内燃機関に変わっていた」とは、洋のどのような様子を表していますか。合うものを一つ選んで、○を付けましょう。（15点）

ア（　）夜明けのすがすがしい山の空気を思う存分《ぞんぶん》味わっている様子。

イ（　）頭ではいろいろ迷っていても、体は自然に動いている様子。

ウ（　）余計なことは考えず、自転車に乗ることに集中している様子。

(2)「体は単純な内燃機関に変わっていた」とき、洋はどんな気持ちだったでしょう。（各10点）

息は苦しいけれど、自転車は□□で、□□□と思う気持ち

6 この文章を通してえがかれているのは、主人公のどのような姿《すがた》ですか。「自転車」という言葉を使って書きましょう。（20点）

表現力

（　　　　　　　　）

自分の進む道になやんでいた主人公は、自転車に乗ってみて、どのように感じたのかな。

文章の構成

◆次の文章を読んで答えましょう。

1 サステイナビリティとは、今日まで私《わたし》たちの社会のなかで大事にされてきたことをまもりながら、これから新しく私たちの社会のなかで大切にされてほしいことをきちんと大切にできるような仕組みをつくり、さらにそのような考え方を次世代につなげる、という考え方のこと。

2 ①サステイナビリティをこのようにとらえ直し、再定義した上で、ではその新しい和訳《わやく》*1を考えてみると、それは②「まもる・つくる・つなげる」がよいのではないかと考えています。

3 ここでの「まもる」は、「守る」であり「護る」です。これまで私たちの社会のなかで大切にされてきた物事や価値観《かちかん》を守り保全しながら、外から害を受けないようにかばい保護することです。これには自然環《かん》境《きょう》や遺産《いさん》など有形のものも、それぞれの地域《ちいき》の風土に根ざした民俗《みんぞく》芸能や信仰《しんこう》、伝統知のような無形のものも含《ふく》まれます。

4 「つくる」は、「作る」であり「創《つく》る」です。物理

段落《だんらく》のまとまりに注目して、筆者の主張や、主張を支える説明をとらえましょう。

1 ①「サステイナビリティ」とはどのようなものであるかが説明されている段落はどこですか。（10点）

第□段落

2 ②『まもる・つくる・つなげる』について、筆者の意見を表にまとめましょう。（各10点）

まもる	これまで大切にされてきた（　　）や（　　）を守る。
つくる	ものや（　　）、アイデアや価値をつくる。
つなげる	（　　）を超えたつながり。

的なものや仕組みを作ることであり、アイデアや価値《かち》を創ることです。これには、低炭素社会への転換《てんかん》を図《はか》るために必要な環境技術の開発や、我々《われわれ》の社会に生まれる全ての子どもたちが毎日栄養のある食事を取ることができ、質の高い教育を受けることができるようにするための仕組みというようなものも含まれます。

[5] そして「つなげる」は、「繋《つな》げる」であり「継承《けいしょう》（継《つ》いで承《うけたまわ》る）」です。人々がつながって「私たち」という共同的な主語を持つことであり、世代を超《こ》えたつながりを意味します。ここでのつなげるは、これまで私たちが社会としてまもってきたこと、これからの世の中をより良くするために新しくつくったことを、将来《しょうらい》世代へと手渡《てわた》していくことです。

[6] こうしてサステイナビリティを「まもる・つくる・つなげる」ことととらえると、いずれもが日常会話のなかでも頻繁《ひんぱん》に使う動詞《どうし》ですから、より社会に広く浸透《しんとう》*2しやすくなるでしょう。

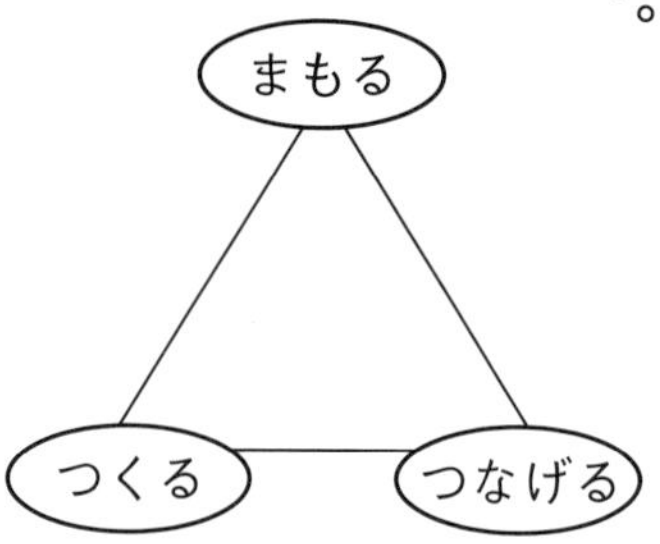
まもる
つくる
つなげる

（工藤尚悟《くどうしょうご》『私たちのサステイナビリティ
―まもり、つくり、次世代につなげる』岩波ジュニア新書）

*1 和訳…日本語に訳すこと。
*2 浸透…考え方などが広がること。

3 筆者が「サステイナビリティ」の新しい和訳を考えた理由として、合うものを一つ選び、○を付けましょう。（20点）

ア（　）現在の和訳はまちがっており、サステイナビリティへの誤解《ごかい》を生んでいるため。

イ（　）新しい和訳を作ることで、サステイナビリティが社会に浸透しやすくなると考えたため。

ウ（　）低炭素社会への転換を図るための環境技術の開発には、新しい和訳が必要であるため。

4 この文章の内容を、次の三つに分けました。[1]～[6]の段落は、それぞれどの内容に分類できますか。[1]～[6]の段落番号を書きましょう。（完答各10点）

・筆者の主張…（　　）
・主張の説明…（　　）
・まとめ　　…（　　）

各段落の役割《やくわり》を考えてみよう。「説明」は、筆者の主張を支える役割があるよ。

文章の構成

練習 ★★★

点

◆次の文章を読んで答えましょう。

1 箸《はし》の使い方、鉛筆《えんぴつ》の持ち方、自転車の乗り方、タイプの仕方――。成長の過程で長い年月をかけて身についたクセは、なかなか抜《ぬ》けないものです。間違《まちが》ったやり方を覚《おぼ》え込《こ》むくらいならば、大人になってから習得したほうが効率がよいのです。

2 ところで身体の中で、最も使い方に「クセ」が表れやすいのはどこでしょうか。手足や表情ではありません。

3 強い個人差が見られるのは「脳《のう》」です。これを証明した研究があります。イェール大学のフィン博士らが「ネイチャー神経科学」誌《し》に先月発表した研究です。証明する方法は単純《たんじゅん》です。たとえば、歩き方にクセがあれば、シルエット映像《えいぞう》を見るだけで、誰《だれ》かがわかります。これと同様で、脳の活動の様子を見て、誰かがわかればクセがあるということです。

4 博士らは、二十二〜三十五歳《さい》の男女計一二六人の脳活動を、MRI(磁気共鳴断層撮影《じききょうめいだんそうさつえい》)を用いて記録しました。そして脳活動のパターンから「その脳の持ち

1 「これ」とは、何を指していますか。(各10点)

身体の中で、最も使い方に「（　　）」が表れやすいのは、「（　　）」であるということ。

2 フィン博士らの研究では、何に注目しましたか。文章中から八字で書きぬきましょう。(20点)

□□□□□□□□

3 文章中の□に共通して入る言葉は何ですか。合う言葉を一つ選んで、○を付けましょう。(20点)

ア（　）脳動《のうどう》

イ（　）脳歩《のうほ》

ウ（　）脳紋《のうもん》

主が誰であるか」を当てられるかを調べたところ、九十五パーセントという驚異《きょうい》の正答率で言い当てることができました。つまり脳の使い方は人によって随分《ずいぶん》と異《こと》なるということです。一方、その当人に限って見れば、一貫《いっかん》した使い方をしています。クセです。だから脳の活動パターンさえ見れば、それが誰の脳かがわかるのです。

[5] まるで指紋《しもん》のように、その人固有の脳活動パターンがあるわけですから、いわば「□」です。□はその人の個性の象徴《しょうちょう》です。

[6] ちなみに、脳の個人差はとりわけ前頭葉《ぜんとうよう》に強く表れ、何か作業をしている時よりも単にボーッとしている時のほうが、固有の活動が顕著《けんちょ》*でした。

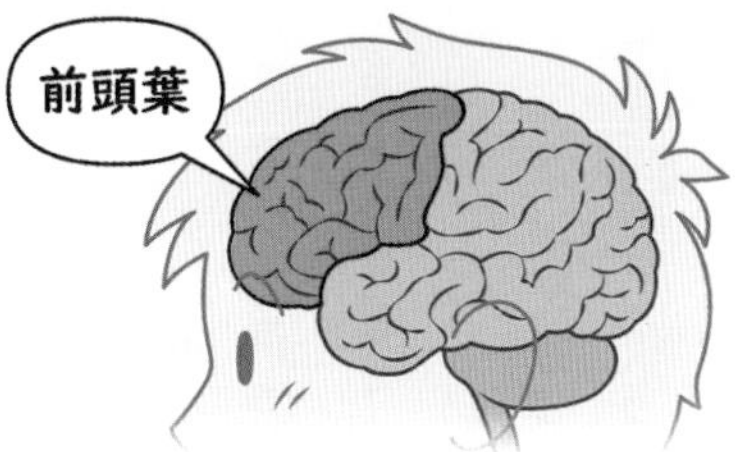
前頭葉

[7] 脳には「取《と》り扱《あつか》い説明書」がありません。だから生まれてこの方、自己流《じこりゅう》で脳を使っています。他人の使い方と見比べて、そのクセを自己修正することもできませんし、他人から差異《さい》を指摘《してき》されることもありません。だから、箸の使い方や歩き方よりも、個人差が出やすいのでしょう。

（池谷裕二《いけがやゆうじ》『脳はすこぶる快楽主義　パテカトルの万脳薬《ばんのうやく》』朝日新聞出版）

＊顕著…目立って表れている様子。

4 筆者は、脳に個人差が出やすいのはなぜだと考えていますか。「自己流」という言葉を使って書きましょう。（20点）

脳には「取り扱い説明書」がないため、

（　　　　）から。

5 この文章は、どのような構成になっていますか。[1]～[7]の段落《だんらく》を内容ごとのまとまりに分けたものとして、正しいものを一つ選んで、○をつけましょう。（20点）

ア（　）[1][2]—[3][4][5][6]—[7]

イ（　）[1]—[2][3][4][5][6]—[7]

ウ（　）[1][2]—[3][4][5]—[6][7]

この文章の話題を示している段落はどれかな。

◆ 次の文章を読んで答えましょう。

[1] 今、私《わたし》は、国際的な会合など世界各国から参加者が集まるような場所では、主に英語やロシア語など共通語としての*1汎用性《はんようせい》が高い言語を使って、会話をしています。他の参加者の多くも、私と同じ様に自分の*2母語ではない言語を介《かい》して、より多くの人とコミュニケーションをとっています。この英語の役割《やくわり》が、数年のうちに*3機械翻訳《きかいほんやく》に取って代わられるかもしれません。そうなると、もう外国語を学ぶ意義はなくなるのでしょうか。

[2] 私達《わたしたち》にとって外国語は、「自分の伝えたい思い」を伝達する手段《しゅだん》です。スピードを重視《じゅうし》する分野の翻訳や通訳《つうやく》は、飛躍的《ひやくてき》に進歩している機械翻訳の技術が、私達の外国語学習能力を上回る日は来ると思います。ただ、例えば私は、どこの国に赴《おもむ》いても、感謝の気持ちや喜び、そしてちょっとした挨拶《あいさつ》などは、その土地の言葉で話すように努めています。*4あのルワンダの女の子が、「ありがとう」と日本語で言ってくれた時の、あの気持ちの温かさを思い出すからです。言語が伝える思いの力を、信じているからです。

[3] 大人になった私は、今アゼルバイジャンのバクーで暮《く》らしています。この国ではアゼルバイジャン語が国語ですが、他にもロシア語や英語、トルコ語が多く使われていて、二、三ヶ国語を*5流暢《りゅうちょう》に操《あやつ》る人も多くいます。そんなひとり、通訳者の友人がある時、「どうしてもその言語でしか言い表せない翻訳できない言葉がある」と打ち明けた時、今まで私の中にあった靄《もや》が晴れたような気持ちがしました。

[4] オランダの海辺の街に住んでいた頃《ころ》、ある時友人が自分の気に入りの散歩道を案内してくれました。それは海辺の砂丘《さきゅう》の中の、うつくしい遊歩道でした。その時彼女《かのじょ》は「ひとりで風に吹《ふ》かれながらここを歩いて頭を整理したりするんだ」と言ったのですが、それはオランダ語ではたった一つの単語“Uitwaaien《アウトワーイエン》”で表現することができるのです。他の言語には*6端的《たんてき》には翻訳し得ない、なんとも深みのある言葉です。

*7[5] このように、言葉と文化は密接《みっせつ》に結びついて互《たが》いに不可分です。言語を学ぶことは、そんな複数の世界観を、自分の中に獲得《かくとく》することです。

（岡田《おかだ》 環《たまき》「外国語を学ぶことで、中学生の私が手に入れたものと、今の私の目の前に見える世界」・『わたしの外国語漂流記《ひょうりゅうき》 未知なる言葉と格闘《かくとう》した25人の物語』河出書房新社《かわでしょぼうしんしゃ》）

＊1　汎用性…一つの物をはば広く活用することができる性質。
＊2　母語…自然に身につける言葉。
＊3　機械翻訳…人ではなく機械が、ある言葉を他の言葉に直すこと。
＊4　あのルワンダの女の子…筆者が以前外国で出会った女の子。
＊5　流暢…すらすらと言葉が出てくる様子。
＊6　端的…はっきりとしている様子。
＊7　不可分…強く結びついていて、分けることができないこと。

1　「この英語の役割」とは、どのような役割ですか。合うものを一つ選んで、○を付けましょう。（20点）

ア（　）多くの人が自分の母語を使ってコミュニケーションをとるために、手助けをする役割。

イ（　）より多くの人とコミュニケーションをとるために使われる、母語ではない言語という役割。

ウ（　）国際的な会合でのみ使われる、特別な言語という役割。

2　筆者は、[4]の段落《だんらく》の例を通して読者にどのようなことを伝えようとしていますか。（各15点）

□□と□□が強く結びついているということ。

3　この文章の内容を、次の三つに分けました。[1]～[5]の段落は、それぞれどの内容に分類できますか。[1]～[5]の段落番号を書きましょう。（完答各10点）

・話題の提示と問いかけ…（　　）

・具体例　　　　　　　…（　　）

・問いの答えとまとめ　…（　　）

4　あなたが現在学んでいる、または学んでみたい言語は、何ですか。理由も含《ふく》めて書きましょう。（20点）

表現力

（　　　　　　　　　　）

筆者の意見を参考にしながら、
学びたい理由を考えるのもいいね。

複数の文章の読み取り

基本

◆次の文章を読んで答えましょう。

【文章】

文章には、大きく分けて、「私《わたし》」の視点《してん》で書くものと、客観的な視点で書くものがあります（ただし、小説などの文学作品については複雑なので、ここでは考えないことにします）。旅の記録を綴《つづ》る紀行文やエッセイなどは、前者にあたります。「私」が見た光景、体験したことなどを語るのです。例えば、

私がその半島の突端《とったん》の駅についたとき、すでに時刻《じこく》は午後一〇時を回っていた。街はひっそりと静まりかえり、空腹《くうふく》を満たしてくれそうな店は一《いっ》軒《けん》も見あたらなかった。

というように書きます。

冒頭《ぼうとう》が「私」から始まっているので、読者には、この話が「私」の視点で書かれたものだということがすぐにわかります。そして読者は、そのあとも、書き手の視点がとらえた様子を一緒《いっしょ》に追っていきます。この

二つの文章で共通している内容や異《こと》なる内容に注目して、筆者が伝えようとしていることをとらえましょう。

❶ 【文章】「紀行文やエッセイ」とありますが、これらはどのような視点で書くものですか。文章から書きぬきましょう。（20点）

（　　　　）で書くもの。

❷ a・b に入る言葉を【文章】から書きぬきましょう。（各20点）

a □□

b □□□

点

スタイルが続けば、読み手は安心して書き手の言葉についていくことができます。
　ところが、この「私」の視点での語りと、客観的な視点での語りが入り混じると、読者は違和感《いわかん》を覚えます。客観的な視点で書くのであれば、一貫《いっかん》してそのスタイルをとることで読みやすい文章になります。もし「私」が登場する形をとるのなら、見て感じたままを綴っていくエッセイ風の書き方で［　］方法があります。

（川井龍介《かわいりゅうすけ》『伝えるための教科書』岩波ジュニア新書）

【会話】

Aさん：この前、エッセイを読んだよ。【文章】で挙げられている例と同じように、「私は～」という書き方をしていたよ。筆者がふだんの生活で［a］したことや［b］ことを正直に書いていて、おもしろかったな。

Bさん：【文章】の中に、『私』の視点での語りと、客観的な視点での語りが入り混じる」とあるけれど、これってどういうことなんだろう。

Aさん：たとえば、［c］というようなことかな。

Bさん：そうだね。筆者は、一つの文章の中では、視点や書き方を［　］のがよいと考えているんだね。

（書き下ろし）

3　［c］に合う言葉を一つ選んで、○を付けましょう。（20点）

ア（　）ある道具の使い方について説明する文章の中に、書き手の気持ちが混じると、伝えたかったはずの使い方がわかりにくくなる

イ（　）一つの文章にたくさんの人物が登場する場合、会話文が多すぎると、どれがだれの発言なのかよくわからなくなる

ウ（　）説明する文章を書くときには、自分の意見だけでなく、他の人の考えも知る必要がある

4　【文章】と【会話】の［　］に共通して入る言葉として合うものを一つ選んで、○を付けましょう。（20点）

ア（　）決めない

イ（　）混ぜる

ウ（　）統一する

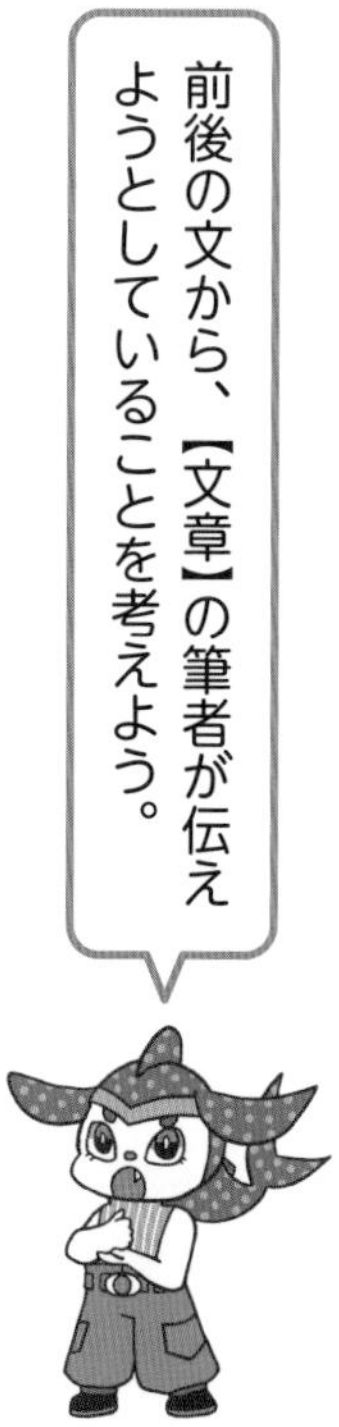
前後の文から、【文章】の筆者が伝えようとしていることを考えよう。

複数の文章の読み取り

練習 ★★★

◆ 次の文章を読んで答えましょう。

【文章Ⅰ】

〈原文〉

①春はあけぼの。やう《（よう）》やう《（よう）》白くなりゆく山ぎは《（わ）》、すこしあかりて、②紫《むらさき》だちたる雲のほそくたなびきたる。

夏は夜。月のころはさらなり、やみもなほ《（お）》蛍《ほたる》の多く飛びちがひ《（い）》たる。また、ただ一つ二つなど、ほのかにうち光りて行くもを《（お）》かし。雨など降《ふ》るもを《（お）》かし。

（『枕草子《まくらのそうし》』）

〈現代語訳《やく》〉

春は明け方がすばらしい。しだいに白くなってゆく山との境目あたりの空が、少し明るくなって、紫がかった色の雲が横に細長く伸《の》びているのがよい。

夏は夜がすばらしい。［A］のでているころはもちろんすてきだが、闇夜《やみよ》でもやはり、［B］が多く飛びかっているのはすばらしい。また、たった一ぴき二ひきなどが、ぼんやりと光って飛んで行くのも心ひかれる。［C］などが降るのも風情《ふぜい》がある。

（書き下ろし）

1 【文章Ⅰ】〈原文〉①「春はあけぼの」には、作者のどのような思いが表れていますか。合う言葉を【文章Ⅰ】〈現代語訳〉から五字で書きぬきましょう。（10点）

春は明け方が［　　　　　］。

2 【文章Ⅰ】〈現代語訳〉［A］～［C］に合う言葉を、【文章Ⅰ】〈原文〉からそれぞれ漢字一字で書きぬきましょう。（各10点）

A［　］

B［　］

C［　］

3 ②「紫だちたる雲のほそくたなびきたる」の表現について、【文章2】の筆者はどのように述べていますか。一つ選んで、○を付けましょう。（10点）

ア（　）きらいなものはきらいと言っている。

イ（　）美しい日本語を使い、リズムもよい。

ウ（　）清少納言の気のつよさが感じられる。

点

【文章2】

「春はあけぼの」は、時代を超《こ》えた名文だ。つい覚えてしまいたくなる。魅力《みりょく》のひみつは、二つある。一つは、日本語の美しさ。「紫だちたる雲のほそくたなびきたる」なんて最高に輝《かがや》いている。きれいな雲のイメージがくっきり浮《う》かんでくる。音のリズムもいい。もう一つは、清少納言《せいしょうなごん》の感性の鋭《するど》さと気のつよさ。「私《わたし》は、こう感じたの。どう？　言われてみるとその通りでしょ！」って言われているみたいだ。たしかに、感覚が鋭い。紫式部《むらさきしきぶ》とライバル関係になるだけのことはある。心に浮かんだ考えを自由に書いてみるのが、随筆《ずいひつ》。筆のすすむにまかせた文のことだ。清少納言は、この随筆の今もかわらぬエースだ。

清少納言は、好きなものは好き、きらいなものははっきりとものをいう。「春はあけぼの。」「夏はよる。」と、好きなものを次から次に並《なら》べていく。具体的なものを列挙していく書き方は、自分の世界を相手に知らせるのに非常に効果的なやり方だ。

（齋藤《さいとう》孝《たかし》『声にだすことばえほん　春はあけぼの』ほるぷ出版）

4 【文章2】で、筆者は、【文章1】の魅力のひみつはどこにあると述べていますか。【文章2】から、七字と十一字で二つ書きぬきましょう。（各10点）

・□□□□□□□

・□□□□□□□□□□□

5 【文章2】で、筆者は、清少納言が(1)どのような書き方をしていることで(2)どのような効果があると述べていますか。それぞれ合う言葉を【文章2】から書きぬきましょう。（各10点）

(1) □□□なものを□□する書き方。

(2) □□□□□を相手に知らせる効果。

筆者は、「春はあけぼの」から、清少納言の文章の特ちょうを読み取ったんだね。

複数の文章の読み取り

◆次の文章を読んで答えましょう。

【文章1】

歴史観というものは、一つではありません。

過去の戦争をどうとらえるかという認識《にんしき》も、それぞれの国や個人の立場によって異《こと》なります。ある歴史上の人物や出来事に対して、Aという見方をする人もいれば、正反対のBという見方をする人もいます。

みなさんは、まずそのようなたくさんの見方を、先入観や固定観念をもたずに、すべて自分の器《うつわ》のなかに入れることから始めるべきだと思います。

まず全部、器のなかに入れる。それから、そのなかでこれが自分にとってはいちばん正しいと思えるもの、つまり、自分なりの歴史観を決めていきます。

その歴史観を自分以外の人に向けて提示すれば、また違《ちが》う意見が返ってくることもあります。それもまた、器に入れます。

このように、入力と出力を繰《く》り返《かえ》すことが、人物や出来事を見る目を養うことにつながると思います。

もう一つ大事なのは、歴史観は変わるものだという

❶【文章1】「入力と出力を繰り返す」とは、どうすることですか。表にまとめましょう。（各20点）

入力	たくさんの見方をすべて（　　　）のなかに入れ、自分なりの歴史観を決める。
←	
出力	自分の歴史観を（　　　）に提示する。
←	
入力	返ってきた（　　　）を自分の器に入れる。

❷【文章2】の□に合う言葉を一つ選んで、○を付けましょう。（10点）

ことです。

　歴史観に絶対はありません。いまは「絶対こうだ」と思っているとしても、世の中の変化や、自分自身の年齢《ねんれい》、人生観の変化によって、歴史観も変わります。

（童門冬二《どうもんふゆじ》『歴史を味方にしよう』ＰＨＰ研究所）

【文章2】

　歴史を勉強するということは、同時に歴史とは何か、という問いを考えていくことによって、より深められていくことになるということができます。

　難《むずか》しい話だと思いますか？　そうですよね、たしかに難しい。

　ひとつだけ、あらかじめ入口をつくっておきましょう。それは、歴史とは、すでに決定しているものではない、ということです。つねに変化しているものだ、ということです。

（中略）

　過去に起こった出来事（＝事件）を扱《あつか》うのですから、歴史はもう決まったことのように思うかもしれません。

□、そうではありません。

（成田龍一《なりたりゅういち》『戦後日本史の考え方・学び方　歴史って何だろう？』河出書房新社《かわでしょぼうしんしゃ》）

ア（　）だから

イ（　）しかし

ウ（　）さらに

3　【文章1】・【文章2】はそれぞれどのようなことについて述べていますか。それぞれ一つ選んで、記号で答えましょう。（各10点）

ア　歴史観の守り方について。

イ　歴史観の持ち方について。

ウ　歴史の正しさについて。

エ　歴史とは何かについて。

オ　歴史のまちがいについて。

【文章1】（　）

【文章2】（　）

4　【文章1】・【文章2】で共通して述べているのは、どのようなことですか。文章から二字で書きぬきましょう。（10点）

歴史のとらえ方は、□□するものだということ。

それぞれの文章が伝えようとしていることを、整理してみよう。

複数の文章の読み取り

点

◆次の文章を読んで答えましょう。

【文章1】

ものごとを決める場合には、なるべく多くのひとの意見を広く聞くことが大事です。いろいろな見方や考え方があるからです。［　　］、緊急時《きんきゅうじ》はどうでしょう？　災害に対応するときのように、とても急がなければならないときにはたくさんのひとたちで話し合っても効率がよくありません。

そこで、緊急事態のときにものごとを決める場合には、八人よりも少ない人数で……です（この「八」という数字に強い根拠《こんきょ》はありません。経験的なものですので、だいたいこのくらいの人数と思って下さい。ですので、ジャスト八人ではだめ、ということではありません）。

クラス全員で、なにかを決める場合には、まず五～七人までの中心となるグループを作ります。そして、中心グループの構成員の下に、さらに五～七人ずつのグループを作ります。そして、グループごとにまとめた意見を持って、中心グループが集まり、全体の意見を調整するようにします。

緊急のときは、とくにこの方法が有効なので、ぜひ試《ため》してみてください。

（森村尚登《もりむらなおと》『いのちを救う災害時医療《いりょう》』河出書房新社《かわでしょぼうしんしゃ》）

【文章2】

政治にたずさわる人間の大事な仕事はなんでしょう。答えは「決める」こと。政治の前提となる集団ができたら、次は上手に集団を動かしていかなければなりません。①これを政治の運営と呼《よ》ぶことにすると、政治の運営では決定の連続です。クラスでもそうでしょう。文化祭の出し物も、話し合いをするだけで決定しなければ、始まりません。

政治がかかわる問題はあらゆる分野に広がっています。決定する対象は無数にありますから、まず政治の課題として何を取り上げるのかを選ぶのが、決定という作業の第一関門です。

②課題を選んでもまだまだ難問《なんもん》が待ち構えています。ある課題について日本の＊有権者《ゆうけんしゃ》全員から意見を聞こうとしたら、仮に一人一秒にしても三年以上かかります。人口一〇億人を超《こ》える中国なら三〇年にもなります。しかも参加者が増えるほど多くの異《こと》なった意見と利害が生まれ、一人一人の違《ちが》いをいちいち調整するのは神様でもなけれ

ば不可能です。決定に行き着くまでどれだけ手間がかかることか。あなたが日本という巨大《きょだい》なクラスの学級委員になったと想像してください。気が遠くなるでしょう。

　では効率よく決めるにはどんな方法があるでしょうか。大きく分けて二つ。力で押《お》さえ込《こ》むか、ルールに従《したが》ってもらうか。たとえば古代中国の秦《しん》の始皇帝《しこうてい》なら、全宇宙《うちゅう》を司《つかさど》る天帝《てんてい》の代理を称《しょう》していたぐらいですから、暴力を使ってでも思いどおりに決められたでしょう。でも現代ではそんな乱暴《らんぼう》なやり方はできません。クラス一の暴れん坊《ぼう》でもルールを無視《むし》していたら、いずれはみんなの信頼《しんらい》を失います。みんなが合意したルールに従って決めるのが、反発も少ないでしょう。多くの人が決定に協力するはずなので、時間もかかりません。決定のルールには、たとえば、代表者を出して話し合うとか、多数決にするということがあります。

（吉田文和《よしだふみかず》『政治のキホン100』岩波ジュニア新書）

＊有権者…権利《けんり》を持っている人。特に、選挙権《せんきょけん》がある人を指す。

1　【文章Ｉ】□に合う言葉を一つ選んで、○を付けましょう。（5点）

ア（　）さらに

イ（　）でも

ウ（　）だから

2　【文章Ｉ】で説明されている、クラス全員で何かを決める方法を図で表しました。Ａ～Ｄに当てはまる言葉を□から選んで、（　）に書きましょう。同じ言葉を何回使ってもかまいません。（各5点）

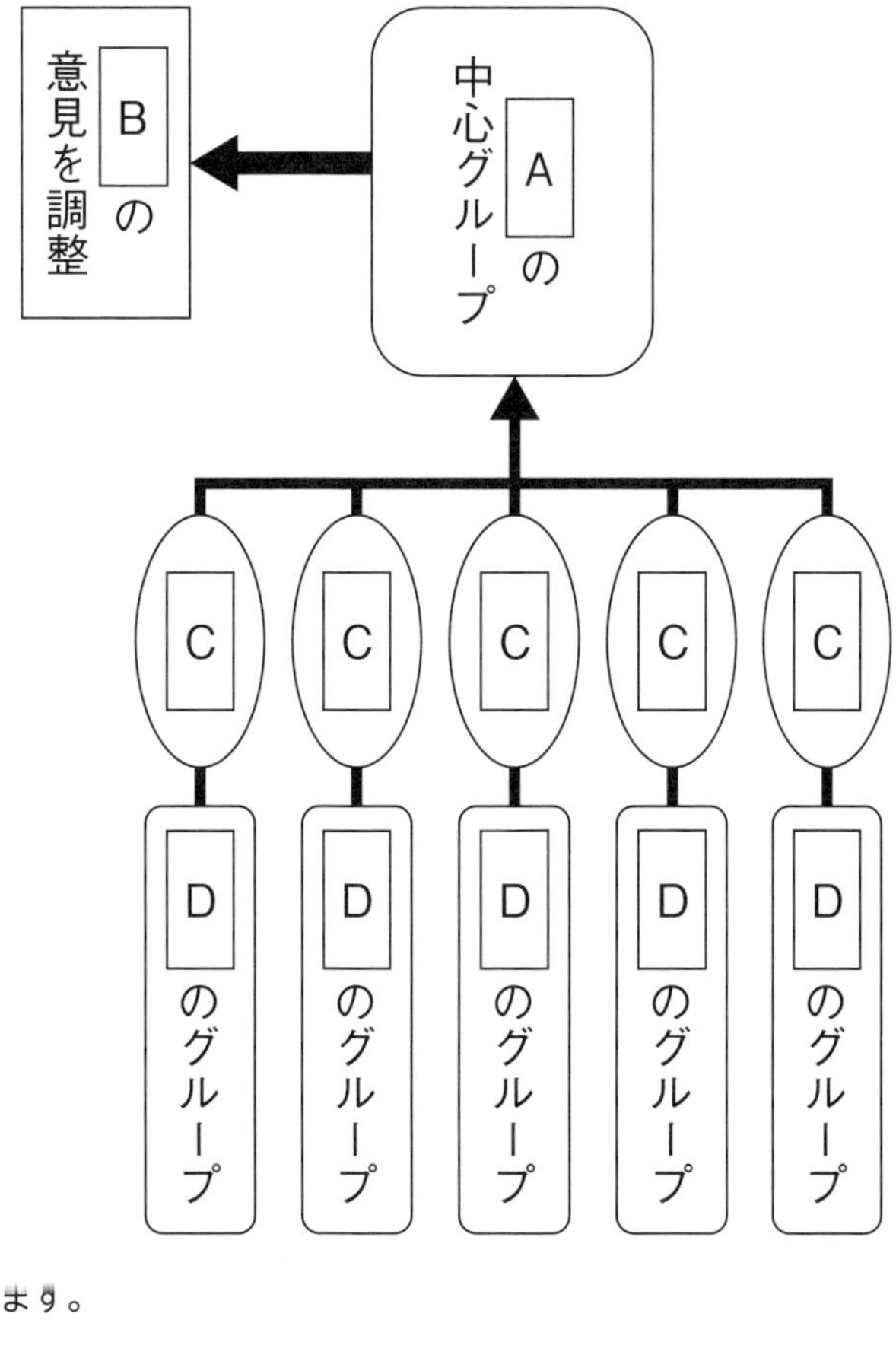

五～七人　八～十人　意見　災害　全体　経験

Ａ（　　）　Ｂ（　　）

Ｃ（　　）　Ｄ（　　）

←次のページに続きます。

3 【文章2】①「これ」とは、どのようなことを指していますか。合う言葉をそれぞれ文章から書きぬきましょう。（各10点）

政治の前提となる（　　　　）を、

上手に（　　　　）いくこと。

4 【文章2】②「課題を選んでもまだまだ難問が待ち構えています」とありますが、筆者がこのように言うのはなぜですか。合うものを一つ選んで、○を付けましょう。（5点）

ア（　）現代の社会でものごとを思い通りに決めるためには、暴力を使うことが必要だから。

イ（　）有権者の意見を聞く前に、日本という巨大なクラスの学級委員を決めなければならないから。

ウ（　）国の有権者全員の意見を聞いて、それをすべて調整するのは不可能だから。

5 【文章1】と【文章2】で、同じところとちがうところはどこですか。文章からそれぞれ二字で書きぬきましょう。（各10点）

・同じところ…ものごとを□□よく決める方法について述べているところ。

・ちがうところ…【文章1】は□□のとき、【文章2】は□□を運営するときについて述べているところ。

6 あなたは、集団でものごとを決めるときにはどのようなことが大切だと考えますか。自分の経験と重ね合わせながら書きましょう。（20点）

表現力

（　　　　　　　　　　）

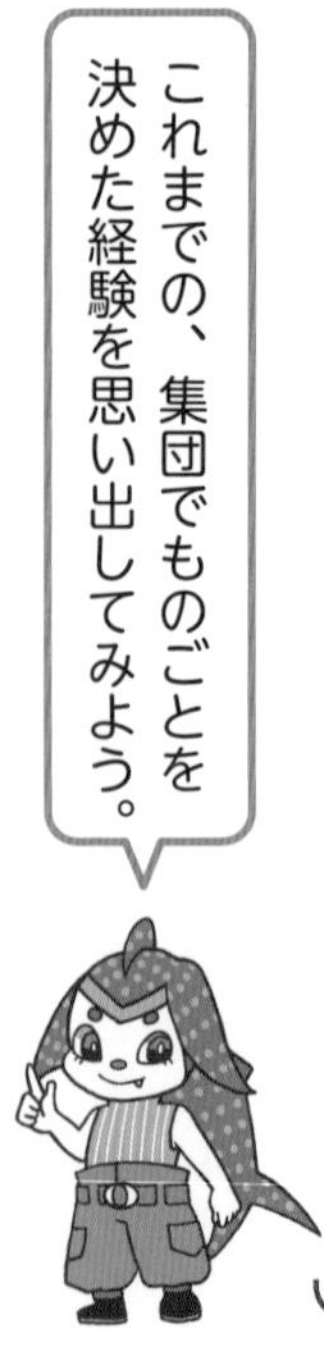
これまでの、集団でものごとを決めた経験を思い出してみよう。

◆次の文章を読んで答えましょう。

【文章1】

トークイベントでご一緒《いっしょ》したときに、作家の江《え》國《くに》香《か》織《おり》さんが、本を読むことのよさとは何かと質問され、「自分が見ている現実以外に、いくつもの現実が確実に存在《そんざい》していると知ることができる」ことだと言っていて、なるほどたしかにそうだなあ、と思ったことがある。私《わたし》が見ている今、ここ、がすべてではない。世界はもっと幾《いく》重《え》*1にも存在していて、私たちは本を読むことで、そのどこへでもいくことができる。

子どものころから本を読んでいると、言葉として実感しなくても、その「今ここ」以外に自在にいきいきできることを、感覚として学ぶ。だから、今暮《く》らしているここで、何か意に染《そ》まないことがあっても、つらいことがあっても、今もここもここにいる人たちも好きではなくても、ふんばることができる。逃《に》げ場所がいくつもあることを、知っているから。そして逃げながら、ひとつずつ年齢《ねんれい》を重ね、私たちは子どものころよりずっと自分向きの「今ここ」にたどり着くことができる。それまで①たくさんの逃げ場所があり、そこに好きなだけ逃げて過ごしてきたからこそ、たどり着ける「今ここ」だ。

旅というのは、まさにそれを物理的*2に行うことだと思う。本ならば、パスポートも持たず乗りものにも乗らず異世《いせ》界《かい》にいくことができるけれど、旅では、この体を動かして、この体に必要なものを自分で持って、自分の足で進まなければならない。でも効用は本を読むこととよく似ている。私の知っている「今」以外に今があり、「ここ」以外にここがあり、私のいる世界以外に世界があり、さらに、私のよく知っている以外の「私」がいる、と身を持って知ることができる。

（角田光代《かくたみつよ》「いくつもの世界がある」・『旅が好きだ！ 21人が見つけた新たな世界への扉《とびら》』河出書房新社《かわでしょぼうしんしゃ》）

*1 幾重にも…数多く重なっている様子。
*2 物理的…数値《すうち》に置《お》き換《か》えられること。ここでは、頭の中で考えるだけでなく、実際に体感できること。

【文章2】

「スロー・リーディング」とは、一冊《いっさつ》の本にできるだけ時間をかけ、ゆっくりと読むことである。鑑賞《かんしょう》の手間を惜《お》しまず、その手間にこそ、読書の楽しみを見出す。そうした本の読み方だと、ひとまずは了解《りょうかい》してもらいたい。

➡次のページに続きます。

スロー・リーディングをする読者を、私たちは、「スロー・リーダー」と呼《よ》ぶことにしよう。

一冊の本を、価値《かち》あるものにするかどうかは、読み方次第《しだい》である。たとえば、海外で見知らぬ土地を訪《おとず》れることをイメージしてみよう。出張で訪れた町を、空き時間のほんの一、二時間でザッと見て回るのと、一週間滞在《たいざい》して、地図を片手《かたて》に、丹念《たんねん》に歩いて回るのとでは、同じ場所に行ったといっても、その理解の深さや印象の強さ、得られた知識の量には、大きな違《ちが》いがあるだろう。旅行は、行ったという事実に意味があるのではない(よくそれを自慢《じまん》する人もいるが)。行って、どれくらいその土地の魅力《みりょく》を*1堪能《たんのう》できたかに意味がある。

読書もまた同じである。ある本を速読して、つまらなかった、という感想を抱《いだ》くのは、忙《せわ》しない旅行者と同じかもしれない。じっくり時間をかけて滞在した人が、「えっ、あそこにすごくおいしいレストランがあったのに！　行かなかったの？　あそこの景色は？　えっ、ちゃんと見てないの？」と驚《おどろ》き、*2不憫《ふびん》に感じるのと同じで、スロー・リーダーが楽しむことのできた本の中の様々な仕掛《しか》けや、意味深い一節、絶妙《ぜつみょう》な表現などを、みんな見落としてしまっている可能性がある。速読のあとに残るのは、単に読んだという事実だけだ。スロー・リーディングとは、それゆえ、②得をする読書、損をしないための読書と言い換えてもいいかもしれない。

(平野啓一郎《ひらのけいいちろう》『本の読み方　スロー・リーディングの実践《じっせん》』PHP文庫)

＊1　堪能…十分に満ち足りていること。
＊2　不憫…かわいそうなこと。あわれむべきこと。

1　【文章1】①「たくさんの逃げ場所」とは、どこのことを指していますか。それぞれ書きぬきましょう。(各10点)

□の中の、今□□□□□□□□以外の世界。

2　【文章1】の筆者は、旅とはどのようなものだと述べていますか。それぞれ書きぬきましょう。(各10点)

実際に体を動かして、自分が□□□□□□□の「今」や「ここ」や「世界」や「私」を、身を持って□□□□ができるもの。

3 【文章2】の「スロー・リーディング」とは、どのようなことですか。（20点）

（　　　　）

4 【文章2】②「得をする読書、損をしないための読書と言い換えてもいいかもしれない」とありますが、筆者が「スロー・リーディング」についてこのように述べるのはなぜですか。一つ選んで、〇を付けましょう。（10点）

ア（　）速読は、読んだという事実しか残らないが、スロー・リーディングは、本の中の仕掛けや表現などをじっくり味わうことができるから。

イ（　）旅行にたとえると、速読は、旅行者が見知らぬ土地に一週間滞在して、地図を片手に丹念に歩いて回るようなものだということができるから。

ウ（　）速読とスロー・リーディングでは、得られる楽しみは同じだが、時間をかけたという点でスロー・リーディングの方が得をしたといえるから。

5 【文章1】と【文章2】に共通しているのはどのような点ですか。一つ選んで、〇を付けましょう。（10点）

ア（　）時間をかけてゆっくりと本を読むことについて、自分の考えを説明している点。

イ（　）歩き回る旅よりも、本を読むことのほうが価値が高いという考えを説明している点。

ウ（　）本を読むことと旅の似ているところを挙げて、自分の考えを説明している点。

6 表現力

あなたは、本を読むことのよさはどのようなところにあると思いますか。理由も書きましょう。（20点）

（　　　　）

【文章1】【文章2】を読んで気づいた、本を読むことのよさについて書くのもいいね。

筆者の考え―随筆《ずいひつ》

◆次の文章を読んで答えましょう。

私《わたし》たち家族は、私が十六歳《さい》になる年に横浜《よこはま》北部の住《じゅう》宅地《たくち》にこした。

①鮮明《せんめい》な記憶《きおく》として残っているのは父が「帰ってくる」シーンで、当時すでに運転免許《めんきょ》を持っていた姉たちに、父はよく新横浜駅まで迎《むか》えに来るようにと命じていたのだ。

そのころ私たちが住んでいた家から新横浜駅までは、クルマで二十分程度だったろうか。新横浜以北への地下鉄がまだ開通していない時代の話なので、終バスが出てしまったあとは、移動の手段《しゅだん》は自家用車かタクシーに限られた。

そのころ、最終の新幹線で帰ってくる父を迎えに行くための束《つか》の間《ま》のドライブに、高校生だった私もたびたび便乗した。

新横浜駅の新幹線のホームは高架《こうか》で、だから新幹線から下車した乗客は、階段を降《お》りて改札を抜《ぬ》ける形になっている。これは今でも変わらないが、駅自体の構造上、新横浜駅で新幹線から下車した乗客は、階段を降りているその真っ最中に、②改札の「むこう側」にい

文末表現に注意して事実と筆者の考えや思いを述べている部分を読み分け、筆者の伝えたいことをとらえましょう。

1 ①「鮮明な記憶として残っている」のはどんなシーンですか。（各10点）

父が［　　　　　］ときに、

姉たちが、［　　　　　］に車で父を

［　　］に行っていたシーン。

2 ②「改札の『むこう側』にいる人々」とは、どんな人々ですか。合うものを一つ選んで、○を付けましょう。（10点）

ア（　）迎えに来た人々が見る、新幹線から降りてくる乗客たち。

イ（　）新幹線から降りてきた乗客が見る、一足先に階段を降りている人々。

点

る人々の姿《すがた》を見ることになる。

かつて父は、改札の「むこう側」にいる娘《むすめ》たちを、どのような気持ちで見ていたのだろうか……。

私は、最近、よくそういうことを考える。

もちろん私にはクルマの免許を持っている息子《むすこ》や娘もいないし(あと三年くらいで姪《めい》っ子が十八になるその日を虎視眈々《こしたんたん》と狙《ねら》ってはいる)、クルマを駆《か》って迎えに来てくれるような都合のいいボーイフレンドもいない(駐車場《ちゅうしゃじょう》を無料で貸してくれる都合のいい友人はいる)。

だから私を改札の「むこう側」で待っている人など誰《だれ》もいないのだけれど、人待ち顔を隠《かく》そうともせずに改札の「むこう側」に佇《たたず》んでいる数多くの人々を階段の上から見ていると、あの日あのとき、父はどんな気持ちでこの階段を下っていたのだろうか、そうしてあの日あのとき、私たちもやはりこんなふうな人待ち顔をして父を待っていたのだろうか、などということを、ついつい私は考えてしまうのだ。

「自分を待っていてくれる人」がいる、というのは嘘《うそ》みたいにありがたいことなのだな、と実感するのは、重い荷物を抱《かか》えながら人待ち顔の人々の脇《わき》をひとりですり抜けていく瞬間《しゅんかん》である。もしかしたら私は、③そういうことをリアルに実感したいがために新横浜駅を頻《ひん》用《よう》するのかも知れない、と思う。


(鷺沢《さぎさわ》萠《めぐむ》『この惑星《ほし》のうえを歩こう』大和書房《だいわしょぼう》)

ウ（　）新幹線から降りてきた乗客が見る、迎えに来て、待っている人々。

3 「私」は、新横浜駅で「むこう側」に佇んでいる人々を見るとき、どのようなことを考えますか。二つ選んで、○を付けましょう。(各15点)

ア（　）父は、どんな気持ちで、改札で待つ娘たちを見ていたのだろうかということ。

イ（　）改札で待っている人は、どんな気持ちでいるのだろうかということ。

ウ（　）「私」たちは、どんな顔をして、父を待っていたのだろうかということ。

4 ③――とありますが、筆者はどのようなことを実感したくて、新横浜駅を頻用しますか。(各15点)

自分を□□□□□□□がいるというのは、とても□□□□□□□□ことだということ。

「〜と思う。」とあるね。筆者の伝えたい考えが述べられている部分だよ。「そういうこと」の指す内容は、③――の前からとらえよう。

◆ 次の文章を読んで答えましょう。

現在、短歌人口は大幅《おおはば》に伸《の》びているという。が、特に若者《わかもの》のあいだでは、やはり短歌は非常にマイナーで、文学の中ではかなり辺境の地にあるといわざるをえない。

　そんな短歌を、私《わたし》は表現手段《しゅだん》として選び、こだわりつづけている。なぜ、短歌なのか。この問いは、ちっともカッコよくない彼《かれ》に惚《ほ》れこんでしまった女へ向けられる「なぜ」にも似ている。そこで、短歌に惚れてしまった私は、このあまりカッコよくない彼のどこが素敵《すてき》なのか、釈明《しゃくめい》に立つことになる。

　出会いは、いとも単純《たんじゅん》。大学三年のとき、教職課程の必修かなにかで、佐佐木幸綱《ささきゆきつな》という人の講義を受けた。そのエネルギッシュな文学論《ぶんがくろん》に魅惑《みわく》され、そして佐佐木幸綱という人そのものに、興味を持った。さっそく著作《ちょさく》を調べたりする。そこで初めて、彼が有名な歌人であるということを知った。そしてその歌集に夢中になる――これが短歌と私のなれそめだった。

　①動機は、いとも不純。佐佐木幸綱という人に、少し

1 この文章の中で、筆者は、短歌を何にたとえていますか。文章から八字で探《さが》して、書きぬきましょう。（10点）

□□□□□□□□

2 筆者と短歌の出会いはどのようなものでしたか。（各10点）

大学□年のときに、有名な歌人である□□□□□の講義を受けて、彼に興味を持ち、その□□に夢中になったこと。

3 ①「動機は、いとも不純」とありますが、筆者は、なぜ「不純」だと言っているのですか。（15点）

（　　　　）

でもお近づきになりたくて、短歌を作りはじめた。念のためにつけ加えるが、当時、私のまわりには、ミーハーなファンが結構いて、本を持っていってサインしてもらったり、研究室に遊びに行ったり……。彼女《かのじょ》らに比べれば、短歌を作ってお近づきになろうという発想は、むしろ地味なほうであろう。とにかく、佐佐木幸綱がカッコよかったのである――さらに念のためにつけ加えると、男子学生のファンもたくさんいた。（中略）

さて、長くなってしまったが、出会いと動機は、いってしまえば単純なことであった。②何かとの出会いや、何かをはじめるきっかけとは、そもそもそんなものであろう。私たちは実に単純なめぐりあわせで、たくさんのものに出会う。日常生活には、無数のきっかけが転がっている。問題は、どの出会いを大切にし、どのきっかけを生かしてゆくか、その選択《せんたく》にある。そこに自分というものがあらわれる。私の場合に即《そく》していえば、佐佐木幸綱という人との出会いを大切にし、短歌を作りはじめたということを生かしつづけて、そこに自分を反《はん》映《えい》させようとしているのである。

（俵《たわら》万智《まち》『よつ葉のエッセイ』河出書房新社《かわでしょぼうしんしゃ》）

4 筆者は、自分の短歌との出会いと、短歌をはじめた動機について、どのようにまとめていますか。文章から五字で探して、書きぬきましょう。（15点）

□□□□□

5 筆者は、②「何かとの出会いや、何かをはじめるきっかけ」について、自分の体験をふまえて、どのように考えていますか。（各10点）

たくさんの出会いやきっかけの中で、どの出会いを□□にし、どのきっかけを□□ゆくかの選択であり、そこに自分というものが□□□□□のである。

筆者が、短歌と出会い短歌をはじめたという、自分の体験をふまえて述べている考えを、最後のまとまりから読み取ろう。

筆者の考え―随《ずい》筆《ひつ》

点

◆次の文章を読んで答えましょう。

どうやら世界は私《わたし》のいる「ここ」だけではなく、途方《とほう》もなく広いらしいと、①ほかの人がとうに知っていることに気づきはじめたのは、大学生になってからだ。それまで引《ひ》っ越《こ》しをしたこともなく、小学校から同じ学校に通っていた私の世界は、本当に狭苦《せまくる》しく代《か》わり映《ば》えのしないものだった。ところが大学に上がれば、同い年なのにひとり暮《ぐ》らしをしている人もいる。福岡《ふくおか》から、三重《みえ》から、北《ほっ》海道《かいどう》からやってきたと言う。同じサークルに四国出身の女の子がいて、その当時の私は授業を放棄《ほうき》し続けていたせいで四国がどこにあるのか知らなかった。それで日本地図を書き、「四国ってどのへん?」と訊《き》いたところ、彼《かの》女《じょ》は真剣《しんけん》に怒《おこ》った。「あなたの日本地図には四国がないじゃない!」と言うのである。彼女の書きくわえてくれた図によって、私ははじめて四国を知った。恥《は》ずかしかった。

同級生たちの出身地だけではない、もっといろんなさまざまなこと、たとえば同い年の男の子の存在《そんざい》とか(ずっと女子校だった)、特定の知識に秀《ひい》でたへんな先生とか、はじめていった居酒屋とか、女友だちのちいさな下宿とか、はじめて屋外で迎《むか》えた朝とか、ささやかなものからそうでないものまで、新しく降《ふ》りかかってくるすべてのものごとが、総動員して私にささやきかけたのだと思う。世界はあんたのいるそこではないよ。内側ではなく外側にあるよ。信じられないくらい広いよ。あんたはなんにも知らないんだよ。

一八歳《さい》だった私が親に嘘《うそ》をつき、はじめてひとりで旅をすることにしたのは、②そのささやきを聞いてじっとしていられなかったからだろう。宿の予約もせず、読めもしない時刻表《じこくひょう》を手に、一八歳の私が目指したのは千葉《ちば》北部の、ある町だった。今思えば旅と言うのも恥ずかしいほど近い場所だが、何しろひとりで電車を乗《の》り換《か》え、ひとりで住んでいる町を出、ひとりで見知らぬ地を歩き、ひとりで宿に泊《と》まる、そのぜんぶがはじめてだったのだ。

(中略)

その数年後、二四歳のときに私は本格的な旅にはまり、以降《いこう》、ビビリ体質はかわらないくせに、ひとりでどこでも出向いていくようになった。訪《おとず》れた国の数は三十数ヵ国、同じ国にいくことも多いので、旅の数は単純《たんじゅん》計算でもっと多い。取《と》り憑《つ》かれている、といったほうが近い。なぜこれほどまでに取り憑かれたのかといえば、世界を知るのが遅《おそ》かったからだろうと思う。もっと早く、ほかの聡《そう》明《めい》な子どもたちのように、小説や映画《えいが》や、お菓子《かし》や音楽や、歴史や地理で、世界というものは広いのだ、自分の知らない世界はここ以外に途方もなくあるのだと知っていれば、ここまで旅に固執《こしつ》しなかったはずだ。なぜならそうしたものに触《ふ》れることで旅することを知るだろうから。けれどあいにく、私はそうできなかった。実際に自分で出向いていき、それでようやく「ああ、本当にこの場所は存在していたんだ」と知るしかない。今も私はそのようにして旅をしている。旅をしたいと思うとき、いつも、本当にそこに世界があるのかどうか、知りたいだけなのである。

（角田光代《かくたみつよ》『世界中で迷子になって』小学館）

❶ ①「ほかの人がとうに知っていること」とはどんなことですか。（15点）

（　　　　　　　　）

❷ ②「そのささやき」とは、どのようなささやきですか。（各15点）

世界は□□ではなく□□にあり、とても広くて、あんたはなんにも□□□□のだというささやき。

❸ 筆者は何のために旅をしますか。合うものを一つ選んで、○を付けましょう。（15点）

ア（　）世界を知るのが遅かったので、世界についての知識をできるだけ早く得るため。

イ（　）ほかの世界の、小説や映画、お菓子や音楽、歴史や地理などを知るため。

ウ（　）実際に自分で出向いていって、本当にそこに世界があるのか知るため。

❹ あなたは、旅とはどんなものだと思いますか。あなたの考えを書きましょう。（25点）

表現力

（　　　　　　　　）

筆者の旅についての考えをふまえて、自分の考えを書いてみよう。

1 次の詩を読んで答えましょう。

祖母

三好《みよし》達治《たつじ》

祖母は蛍《ほたる》をかきあつめて
桃《もも》の実のように合《あわ》せた掌《て》の中から
沢山《たくさん》な蛍をくれるのだ

祖母は月光をかきあつめて
桃の実のように合せた掌の中から
沢山な月光をくれるのだ

表現の工夫《くふう》(たとえ・くり返し・対句《ついく》・倒置《とうち》など)に注目して、作者が伝えたいことをとらえましょう。

1 この詩で使われている工夫に合うものを一つ選んで、○を付けましょう。(20点)

ア( ) 人でないものを人に見立てて表し、イメージをふくらませている。

イ( ) 第一連と第二連の組み立てを同じにして、印象を強めている。

ウ( ) 言葉の順序をふつうとは逆にして、生き生きとした印象にしている。

2 「合せた掌」を何にたとえていますか。詩から三字で書きぬきましょう。(20点)

何かをたとえるときには「〜ように」などを使うよ。

2 次の詩を読んで答えましょう。

忘《わす》れもの

高《たか》田《だ》敏《とし》子《こ》

入道雲にのって
①夏休みはいってしまった
「サヨナラ」のかわりに
素晴《すば》らしい夕立をふりまいて

けさ　空はまっさお
木々の葉の一枚《いちまい》一枚が
あたらしい光とあいさつをかわしている

だがキミ！　夏休みよ
もう一度　もどってこないかな
②忘れものをとりにさ

迷子のセミ
さびしそうな麦わら帽子《ぼうし》
それから　ぼくの耳に
くっついて離《はな》れない波の音

1 ①「夏休みはいってしまった」には、どんな工夫がされていますか。合うものを一つ選んで、○を付けましょう。（20点）

ア（　）人ではないものを人にたとえて表している。
イ（　）同じ言葉をくり返している。
ウ（　）言葉の順序をふつうとは逆にしている。

2 ②「忘れもの」とありますが、夏休みの忘れものとして書かれているものを三つ書きぬきましょう。（各10点）

（　　　　）
（　　　　）
（　　　　）

3 この詩には、どのような心情が表現されていますか。合うものを一つ選んで、○を付けましょう。（10点）

ア（　）夏休みが終わってしまい、さびしい気持ち。
イ（　）秋のおとずれを、楽しみに待つ気持ち。
ウ（　）夏にやり残したことがあり、後かいする気持ち。

言葉を味わう――短歌・俳句《はいく》

1 次の短歌を読んで答えましょう。

① 白鳥《しらとり》は哀《かな》しからずや空の青
海のあを(お)にも染《そ》まずただよふ(う)
若山牧水《わかやまぼくすい》

② ねこの子のくびのすゞ(ず)*1がねかすかにも
おとのみしたる夏草のうち
大隈言道《おおくまことみち》

③ 五月《さつき》待つ花橘《はなたちばな》の香《か》をかげば
昔の人の袖《そで》の香ぞする
古今集《こきんしゅう》よみ人しらず

④ 垂乳根《たらちね》の母が釣《つ》りたる青蚊帳《あおがや》を
*2すがしといねつたるみたれども
長塚節《ながつかたかし》

⑤ *3四万十《しまんと》に光の粒《つぶ》をまきながら
川面《かわも》をなでる風の手のひら
俵万智《たわらまち》

*1 すゞがね…すずの音。
*2 すがしといねつ…すがすがしいと思ってねた。
*3 四万十…高知県の川。

❶ 次の説明に合う短歌を一つずつ選んで、番号を書きましょう。（各5点）

(1) においを感じてよんでいる歌 （　　）
(2) 音を聞き分けてよんでいる歌 （　　）
(3) たとえが使われている歌 （　　）

❷ ①の短歌について説明した次の文の（　）には色を表す言葉を書き、□には合う言葉を考えて書きましょう。（各10点）

空や海の（　　）と白鳥の（　　）とを対比させ、何ものにも染まらない白鳥に「哀しからずや」（かなしくないのだろうか。）と呼《よ》びかける表現を用いて、自分の□を表している。

❸ ④の短歌には、言葉の順序がふつうと逆になっている部分があります。その部分を書きぬきましょう。（10点）

（　　）

2 次の俳句を読んで答えましょう。

① 山路《やまじ》来て何やらゆかし*1すみれ草　松尾芭蕉《まつおばしょう》

② 赤蜻蛉《あかとんぼ》筑波《つくば》に雲もなかりけり　正岡子規《まさおかしき》

③ ところてん煙《けむり》のごとく沈《しず》みおり　日野草城《ひのそうじょう》

④ 万緑《ばんりょく》の中や*2吾子《あこ》の歯生え初《そ》むる　中村草田男《なかむらくさたお》

*1 ゆかし…心ひかれる。
*2 吾子…わが子。

1 ①・②の俳句の、季語と季節を書きましょう。（各5点）

① 季語（　　　）　季節（　　　）

② 季語（　　　）　季節（　　　）

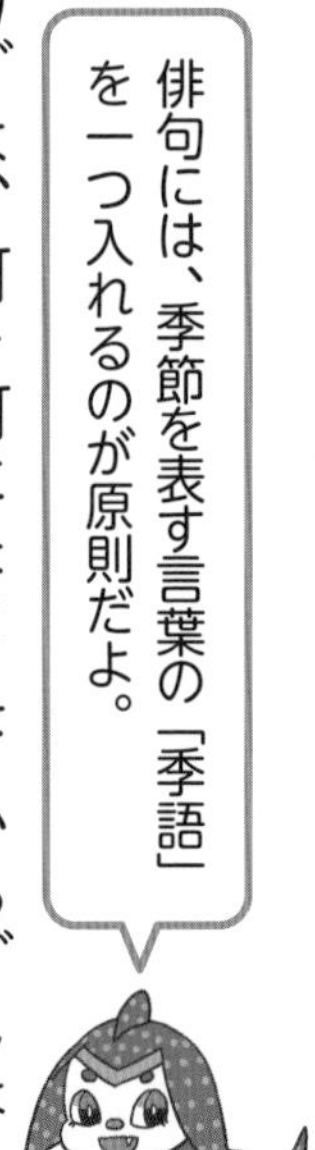
俳句には、季節を表す言葉の「季語」を一つ入れるのが原則だよ。

2 ③の俳句では、何を何にたとえているでしょう。俳句から書きぬきましょう。（完答10点）

（　　　）を（　　　）にたとえている。

3 ④の俳句について説明した次の文の（　）には、色を表す言葉を書き、□には合う言葉を［　］から選んで書きましょう。（各5点）

一面にしげった草木の（　　　）と、生え始めた歯の（　　　）という色を対比させ、成長していくわが子の□を表現している。

はかなさ　生命力　存在感《そんざいかん》

言葉を味わう——詩と鑑賞文《かんしょうぶん》

◆次の詩と文章を読んで答えましょう。

竹

萩原朔太郎《はぎわらさくたろう》

光る地面に竹が生え、
青竹が生え、
地下には竹の根が生え、
根がしだいにほそらみ、
根の先より繊毛《せんもう》が生え、
かすかにけぶる繊毛が生え、
かすかにふるえ。

かたき地面に竹が生え、
地上にするどく竹が生え、
まっしぐらに竹が生え、
凍《こお》れる節節《ふしぶし》りんりんと、
青空のもとに竹が生え、
竹、竹、竹が生え。

【観賞文】

竹がいきおいよく成長していくようすが描《えが》かれている詩です。まずは、土に埋《う》まっている部分からです。地面の下では、竹の根がどんどん生えています。根っこを追いかけていくと、しだいに繊毛（細くて小さい根っこ）になり、かすかにふるえるのが見えています。A 感じがしますね。

そして、この詩の後半では、こんどは、反対に地上にどんどん伸《の》びていく竹のようすが描かれています。固い地面に生え、立派《りっぱ》な節を持っているようすには、力強さが表現されています。このように、詩の前半と後半では、竹の持っている二つの面が描かれています。地下と地上、根っこと竹、「B」と「りんりん」というように、対比の技法が意識的に使われています。

この詩は、竹の伸びてゆくいきおいの良さを表現していますが、竹にまつわる言葉に「破竹《はちく》の勢い」や「竹を割《わ》ったよう」という言葉があります。竹を割ったときにスパッときれいに割れることから、ものごとのいきおいの良さを意味します。竹は伸びるときだけでなく、割れるときさえも、いきおいのいいイメージを持っているのですね。

（坪内稔典《つぼうちねんてん》監修《かんしゅう》・田所弘基《たどころひろき》『絵といっしょに読む国語の絵本3 詩のえほん』くもん出版）

1 この詩の構成について説明した次の文の□に合う言葉を、詩から書きぬきましょう。（各10点）

前半と後半に分かれた詩で、詩の前半の三行目からは、□□に生える□□□のようす、後半は、□□に伸びる竹のようすがえがかれている。

2 この詩を通して、行の終わりでくり返されている、二字の言葉を書きぬきましょう。（10点）

□□

3 【観賞文】の［A］に入る言葉として合うものを次から一つ選んで、○を付けましょう。（10点）

ア（　）まるで強い風にふかれているような

イ（　）まるで遠くからながめているような

ウ（　）まるで顕微鏡《けんびきょう》でのぞいているような

4 【観賞文】の「（竹が）立派な節を持っているようす」を表している言葉を、詩の中から四字で書きぬきましょう。（15点）

□□□□

5 【観賞文】の［B］に入る言葉を、詩の中から三字で書きぬきましょう。（15点）

□□□

6 あなたが、この詩と【観賞文】を読んで、竹について感じたことを書きましょう。（20点）

表現力

いきおいよく成長していく竹から、どんなことを感じるかな。

言葉を味わう——落語

◆次の文章を読んで答えましょう。

〔強がりの松をこらしめようと、みんなで、松がこわいと言った饅頭《まんじゅう》を買ってきた。〕

「おっと、待て待て、そこに大きなお盆《ぼん》があるだろ？　それをこっちに貸しねえ。この上に順にのっけてくんな。よしきた、腰高《こしだか》饅頭かい？　そのつぎは？　唐《とう》饅頭？　うん、野郎《やろう》がいちばんこわがってたやつだよ。おあとは？　蕎麦《そば》饅頭か。それから、葛《くず》饅頭。うんおあとは？　田舎《いなか》饅頭？　そのつぎは？　栗《くり》饅頭。それだけかい？　まだある？　うん、中華《ちゅうか》饅頭にチョコレート饅頭？　あるもんだねえ……ああ、これだけありゃアたくさんだ。もうお盆にのりきらないよ。おい、そこの唐紙《からかみ》、そうっとあけてのぞいてみねえな。よく寝《ね》てる？　よし、そうッと、これを枕《まくら》もとに……いいかい？　フフフ、ざまみやがれてんだ。じゃアそろそろ起こそうか。いいかい、様子がヘンだったらすぐ医者を呼《よ》ぶんだよ、じゃア起こすぜ……おウ、松ちゃん、松兄ィ、おい、松ッ」

「お、なんでえ、（あくびまじりで）ひとがせっかくいい心持《こころもち》で眠《ねむ》ってるてえのに……もう少し寝かせといてくれりゃ

1

(1) [　]について、次の問いに答えましょう。

[　]部分から、みんなが何をしたことがわかりますか。（各10点）

みんなで（　　　　）の上にいろいろな（　　　　）をのせて、松の（　　　　）に置いたこと。

(2) みんなは、なぜそのようにしたのですか。文章の言葉を使って書きましょう。（15点）

松が饅頭を（　　　　）と思ったから。

2

すき間から松をのぞいているときのみんなの言葉に注目しよう。松のどんな様子を見て、「いい心持だ」と言っているのかな。

① 「ふざけやがって、ふざけやがって」とありますが、松のどんな様子を見て、このように言ったのですか。「こわい」という言葉を使って書きましょう。（20点）

ア……あッ、うッうッうウ……ま、饅頭ッ」
「(襖《ふすま》のすき間からのぞいて)フフフ、あンちくしょうアワふいてこわがってやがら……ああいい心持だ、ざまァみやがれてんだ」
「(泣き声で)ちくしょう、おれがこわいこわいっていう饅頭を枕もとに並《なら》べたりしやがって、ああ怖《こえ》え、ああ饅頭(といいながら手にとってたべはじめる)……ああ唐饅頭……うん、なるほど(ほおばりながら)、うゥこわい、こわい……ああ栗饅頭、うははは、こわい、こわい……」
「おい、ちょいとごらんよ、あンちくしょう、こわいこわいっていいながら、むしゃむしゃうまそうに食ってるよ、おい、あ、また食った……ちくしょう、いっぺえくわされたぜ、おい、みんな、こっちにはいりなよ……やいッ、なんてずうずうしい野郎だ、てめえが饅頭がこわいってえから買ってくりゃア、むしゃむしゃ食いやがって……」
「(なおたべ続けながら)ああこわい……こんなにこわいものを目の前においとくことはできねえ……わァ、こわい、こわい……」
「①ふざけやがって、ふざけやがって……②饅頭がこわいだなんて嘘《うそ》八百ならべやがって……やいッ、てめえがほんとうにこわいってのはいったいなにがこわいんだ」
「へへへ……③あとは濃《こ》いお茶が一杯《いっぱい》こわい」
(「饅頭こわい」『古典落語大系《たいけい》 第二巻《かん》』三一書房《さんいちしょぼう》)

3 ②「饅頭がこわいだなんて嘘八百ならべやがって」とありますが、松はどのように考えて「饅頭がこわい」と言ったのですか。(　)に合う言葉を考えて書きましょう。(20点)

(　　　　)

饅頭がこわいと言えば、

(　　　　)

と考えたから。

松が「饅頭がこわい」と言った結果、起こったことから考えよう。

4 ③「あとは濃いお茶が一杯こわい」とありますが、松はなぜこのように言ったのですか。合うものを一つ選んで、○を付けましょう。(15点)

ア(　) ほんとうにこわいのは、濃いお茶だったから。
イ(　) 濃いお茶が飲みたかったから。
ウ(　) ふざけてみんなを笑わせようと思ったから。

44 論理《ろんり》的文章

資料の読み取り

基本 ★★★

点

◆次の資料と会話を読んで答えましょう。

紙の出版と電子書籍《しょせき》の推定売上金《すいていうりあげきん》（単位：億円）

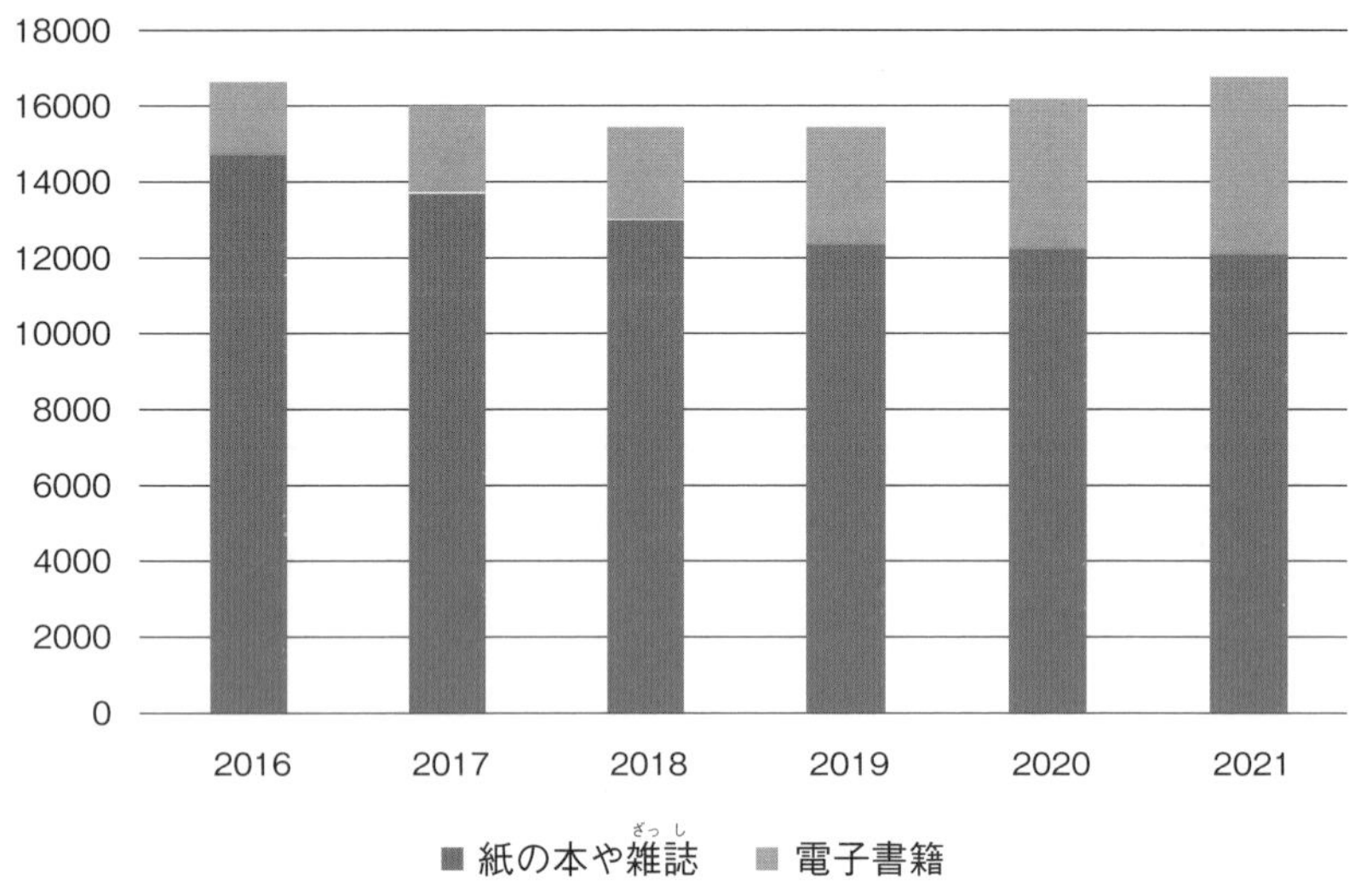

18000
16000
14000
12000
10000
8000
6000
4000
2000
0
2016
2017
2018
2019
2020
2021
■ 紙の本や雑誌《ざっし》　■ 電子書籍

全国出版協会・出版科学研究所「出版指標年報」より

資料と文章の対応関係に注目して、資料の内容やそこから分かることをとらえましょう。

① [A] に合う言葉を一つ選んで、○を付けましょう。（20点）

ア（　）だんだん減っています

イ（　）だんだん増えています

ウ（　）変化はありません

② [B] に合う数字を、グラフを見て書きましょう。（20点）

（　　　　）億円

グラフのめもりの単位は「億円」だよ。だから、「10000」のめもりは、一兆円のことだね。

先生　グラフを見て、気づいたことはありますか。

森山《もりやま》　紙の本の売り上げは［A］。

田中《たなか》　電子書籍の売り上げは増えています。

森山　一時期は、［B］億円を下回っていた全体の売り上げも、だんだん増えていますね。

先生　電子書籍の売り上げは年々のびていて、二〇二一年では、［C］円をこえました。

田中　電子書籍は便利だからだと思います。いつでもどこでもスマートフォンなどで読めるし。

先生　そうですね。また、近くに本屋さんがない人でも、簡単《かんたん》に本を手にすることができますね。

森山　でも、ぼくは紙の本も好きです。マンガの好きな場面をもう一度見たいときに、紙だったら、パラパラめくりながら探《さが》せるけれど、電子書籍だと一ページずつ確かめないといけないからめんどうだなと思うことがあります。

先生　紙の本と電子書籍、それぞれのいいところを上手に取り入れていきたいですね。

（書き下ろし）

3　［C］に合う数字を漢字で書きましょう。（20点）

（　　　　）円

4　「紙の本と電子書籍、それぞれのいいところ」とありますが、紙の本と電子書籍のいいところはどのようなところだと話していますか。それぞれすべて選び、記号で答えましょう。（完答各20点）

①　紙の本（　　）

②　電子書籍（　　）

ア　いつでもどこでも気軽に読めるところ。

イ　好きな場面をパラパラめくりながら探せるところ。

ウ　近くに本屋さんがなくても、本を手に入れることができるところ。

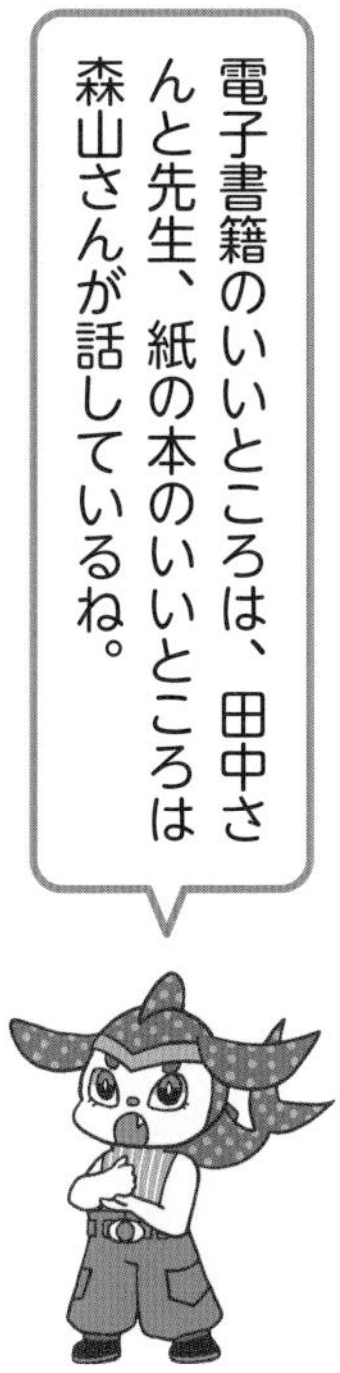
電子書籍のいいところは、田中さんと先生、紙の本のいいところは森山さんが話しているね。

資料の読み取り

◆次の文章を読んで答えましょう。

*ヒートアイランド現象が、テレビやインターネットのニュースで報道されるのは、いつも夏の暑い日ですね。だから、「ヒートアイランド現象が起きるのは、夏の昼間」と思っている人がたくさんいます。でも、それはほんとうでしょうか？（中略）

下のグラフは学生が冬（一月）と夏（八月）に観測した、つくば市の都市部と郊外《こうがい》の、一日の気温変化をあらわしたものです。赤い線が都市部、青い線が郊外の気温で、左の目盛《めも》りで温度を読みます。緑色の線は温度差をあらわしていて、右の目盛りで読みます。

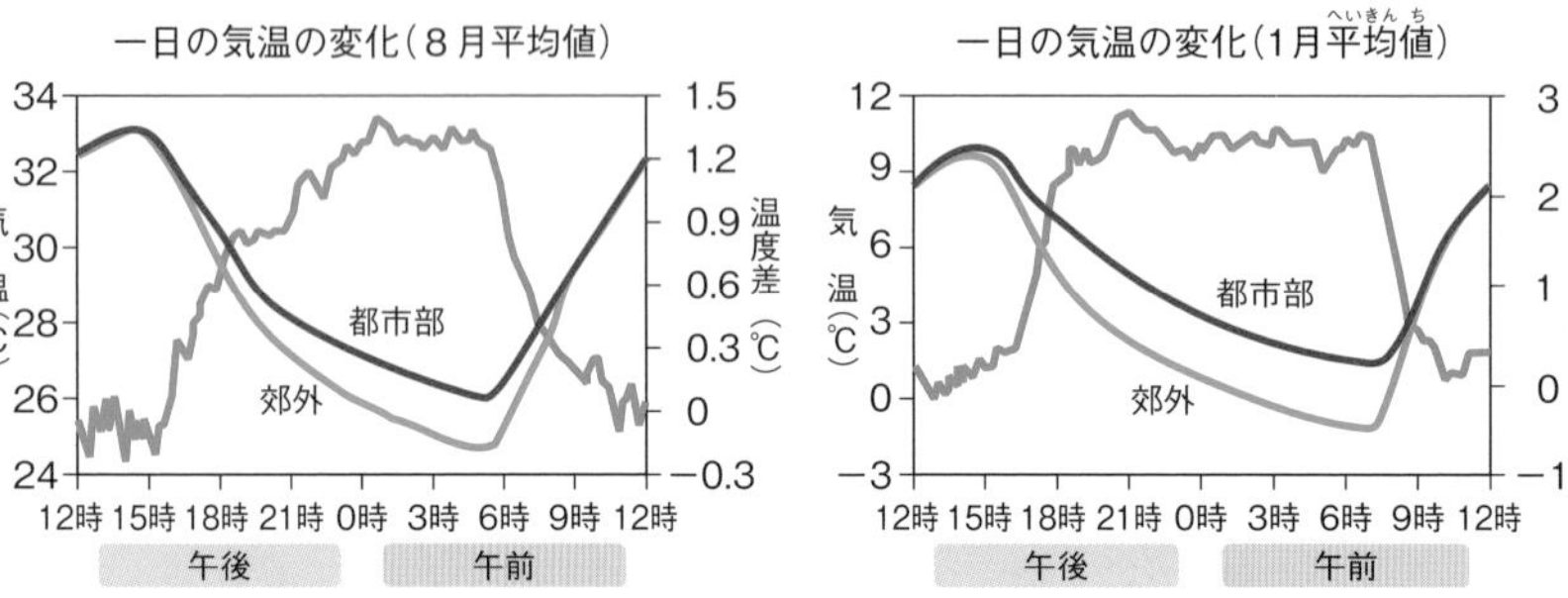
一日の気温の変化（8月平均値）
気温（℃）
温度差（℃）
都市部
郊外
12時 15時 18時 21時 0時 3時 6時 9時 12時
午後
午前
一日の気温の変化（1月平均値《へいきんち》）
気温（℃）
温度差（℃）
都市部
郊外
12時 15時 18時 21時 0時 3時 6時 9時 12時
午後
午前

つくば市の都市部と郊外の、ある一日の気温変化

❶ この文章は何について書かれていますか。（各10点）

（　　　　）が（　　　　）に起きるというのはほんとうなのか、ということ。

❷ A に合う言葉を一つ選んで、○を付けましょう。（10点）

ア（　）昼間は都市部と郊外は、気温がほとんど同じ

イ（　）昼間は都市部よりも郊外のほうが暑い

ウ（　）夜間は都市部も郊外も、寒くない

エ（　）夜間は都市部では昼間と気温がほとんど同じ

❸ B・C に合う言葉を、それぞれ文章から書きぬきましょう。（各10点）

B（　　　　）

C（　　　　）

(1)〜(3)は、グラフから読み取れることが並《なら》べられているよ。グラフをよく見て答えよう。

グラフをよく見ると、ヒートアイランド現象に関する、重要な三つの事実に気づきます。みなさんも、いっしょに見ていきましょう。

(1) 朝の十時ごろから午後三時ごろまでは、都市部と郊外の気温差はほぼ0℃《ど》。つまり、冬も夏も、[A] です。

(2) 夕方の六時ごろから次の日の朝の六時ごろまでは、赤色の線が青色の線より上にあります。つまり、冬も夏も、夜は [B] の気温が [C] よりも高いです。

(3) 都市部と郊外の温度差は、冬は [D] ℃以上あるのに、夏は1.5℃以下です。つまり、夏よりも冬のほうが、温度差が大きいのです。

三つすべてに気づいた人がいたら、わたしたち気象学者も顔負けです。ヒートアイランド現象は、じつは冬の夜間によく起きるのです。「夏の昼間に起きるものだ」と思いこんでいるイメージとは、ずいぶんちがいますね。

（日下《くさか》博幸《ひろゆき》『見えない大気を見る』くもん出版）

＊ ヒートアイランド現象…郊外に比べて、都市部の気温が高くなる現象。

4 [D] に合う数字を一つ選んで、○を付けましょう。（10点）

ア（　）1
イ（　）2
ウ（　）3

5 「顔負け」とは、どのような意味ですか。一つ選んで、○を付けましょう。（10点）

ア（　）相手のすごさにはずかしくなること。
イ（　）相手の実力を上回ったことをほこること。
ウ（　）相手の欠点をせめて負けを認《みと》めさせること。

6 この文章を要約しましょう。（各10点）

ヒートアイランド現象は、（　　）での観測結果を見ると、（　　）と（　　）はちがって、（　　）によく起きることがわかる。

最後の段落《だんらく》から、この文章のまとめを読み取ろう。

資料の読み取り

練習 ★★★

点

◆次の資料と会話を読んで答えましょう。

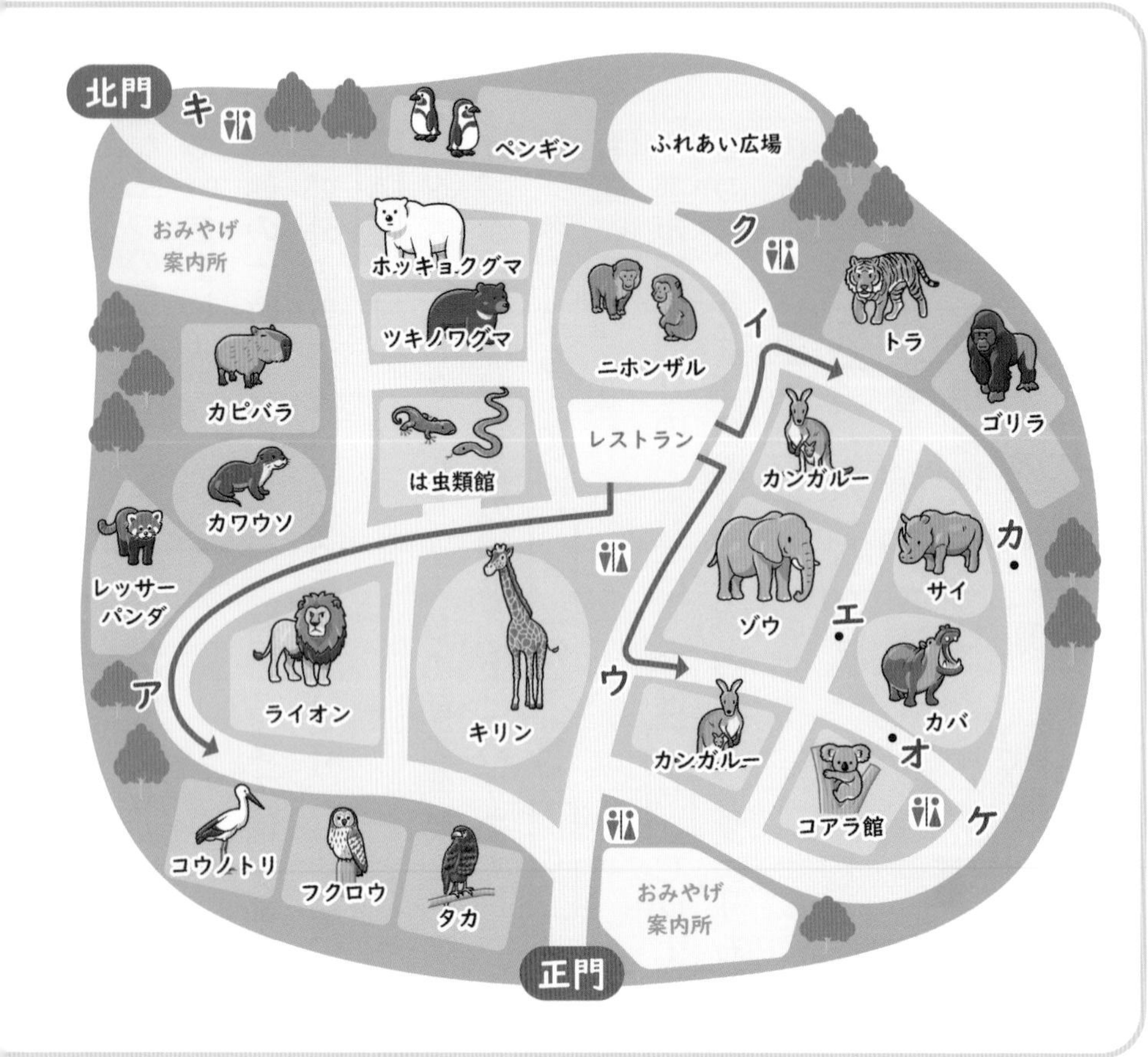

① ゆうかたちが入ってきたのは、正門と北門のどちらですか。（10点）

（　　）

最初に見た動物から考えよう。

② ゆうかがレストランを出て、進んだ道はどれですか。マップ中のア～ウから一つ選んで、記号で答えましょう。（10点）

（　　）

③ ゆうかが今いるのはどこですか。マップ中のエ～カから一つ選んで、記号で答えましょう。（10点）

（　　）

④ ふれあい広場では、何ができますか。（20点）

ゆうかは、いとこのひろきとおばさんといっしょに動物園に行き、レストランで食事をした後、ひろきやおばさんとはなれて一人で見て回り、おばさんと携帯《けいたい》電話で連絡《れんらく》をとっている。

おば　今どこにいるの？

ゆうか　ペンギンやホッキョクグマは最初に見たでしょ？　だから、ちがう動物を見ようと思って、レストランを出て、ライオンやレッサーパンダを見て……、今、カバの前にいるよ。

おば　他に見えるものはある？

ゆうか　ゾウも目の前にいる。今からトラを見るつもり。

おば　私《わたし》たちは、は虫類館を出たところなの。これから、ゾウを見に行くの。ひろきがいちばん好きな動物だから。そのあとは、ふれあい広場に行くつもりだけれど、いっしょにどう？

ゆうか　行きたい！　うさぎやモルモットにえさをあげたり、だっこしたりできるんだよね。

おば　そう。でも、時間が決まっていて、次は三時からなの。

ゆうか　わかった。

おば　じゃあ、ふれあい広場の前に十分前に集合しましょう。お手洗《てあら》いも済《す》ませてきてね。

ゆうか　はーい、また、あとでね。

（書き下ろし）

5　ゆうかたちは、何時何分に集合することにしましたか。（10点）

（　　　　）

6　「お手洗いも済ませてきてね」とありますが、ゆうかはどのトイレを利用するのが効率的ですか。マップ中の**キ**～**ケ**から一つ選んで、記号で答えましょう。（10点）

（　　）

7　おばさんとひろきがは虫類館を出て、ふれあい広場に最短で行くまでの間、ゾウのほかに何の動物を見ることになりますか。三つ書きましょう。（各10点）

（　　　）（　　　）（　　　）

資料の読み取り

応用 ★★★

点

◆次の文章を読んで答えましょう。

おもしろい研究があります。アメリカのP・ブルームたちは、ヒトが生後早い時期から①*利他的にふるまう他者を見抜《みぬ》き、好む性質をもっていることを明らかにしました。

彼《かれ》らは、図に示したような、○と□、そして△の形をした三つの対象（積《つみ》木《き》）が動くようすを、生後六カ月と一〇カ月の赤ちゃんに見せました。三つの対象それぞれには目がついていて、ある目的に向かって自ら動くことができました。（中略）

赤ちゃんには、二種類の場面を見せます。ひとつめは、○さんが急な坂道を登ろうとしているところに△さんが現れ、○さんが坂道を登るのを押《お》し上《あ》げてやります（②a）。もう一つの場面では、○さんが坂道を登ろうとしているのに、□さんが坂道の上から現れ、○さんの行く手を阻《はば》み、突《つ》き落《お》としてしまいます（③b）。つまり、△さんは「A」で、□さんは「B」です。

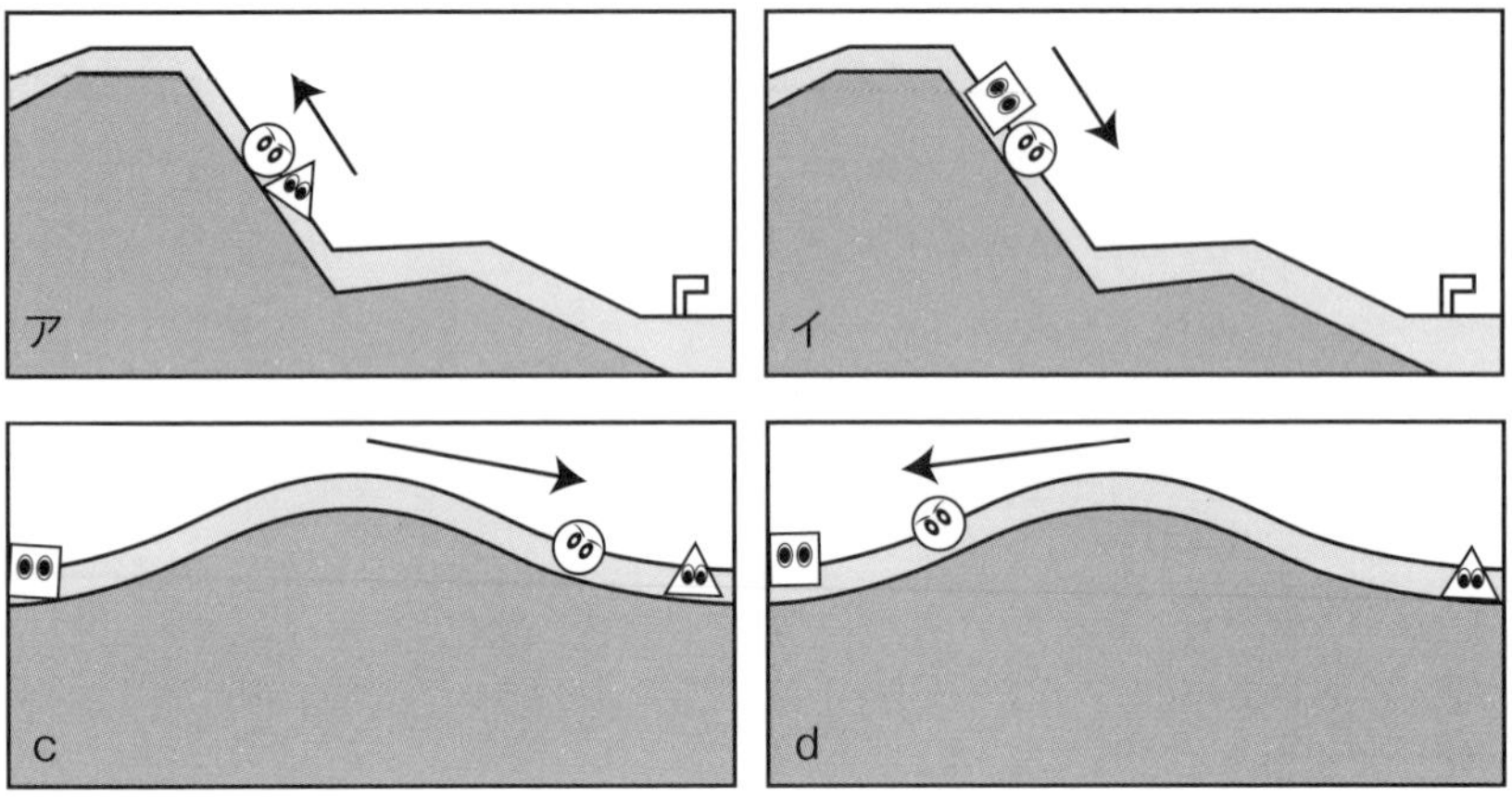

これら二種類の場面を、赤ちゃんに飽《あ》きるまで繰《く》り返《かえ》し交互《こうご》に見せた後、今度は別の場面を見せました。ひとつは、坂道を上っていた○さんが親切な△さんのもとへ近寄っていく場面（c）、もうひとつは意地悪な□さんのほうへ寄っていく場面（d）です。さて、赤ちゃんは、これら二つの場面のどちらをより長く見たでしょうか。結果は、一〇カ月の赤ちゃんは、○さんが意地悪な□さんに近づく場面を、親切な△さんに近づく場面よりも長く注視《ちゅうし》しました。六カ月児では、両方の場面の注視時間に、違《ちが》いは見られませんでした。この結果は、④生後一〇カ月の赤ちゃんは、○さんが親切なほうに近づくだろうと期待していたこと、にもかかわらず、○さんが意地悪なほうに近寄ったことに驚《おどろ》き、そちらに注意を長く向けたと解釈《かいしゃく》できます。

この実験には続きがあります。赤ちゃんの目の前に、親切なふるまいと意地悪なふるまいをした積木を二つ置きます。そして、赤ちゃんがどちらの積木に手を伸ばすかが調べられました。その結果、六カ月児も一〇カ月児も、親切なふるまいをした積木に手を伸《の》ばす割合《わりあい》が高いことがわかりました。

（明和政子《みょうわまさこ》『まねが育むヒトの心』岩波ジュニア新書）

＊利他的…自分よりも他人の利益や幸福を考える様子。

1 ①「利他的にふるまう他者」とは、図の○・△・□のどれのことですか。（10点）

（　　）

2 ②「a」、③「b」とありますが、それぞれの場面は、図のア・イのどちらのことですか。一つ選んで、記号で答えましょう。（各10点）

②（　　）　③（　　）

3 A・B に合う言葉を、それぞれ一つ選んで、記号で答えましょう。（各10点）

ア 悪者　**イ** 働き者
ウ 人気者　**エ** 親切者

A（　　）　B（　　）

4 ④「生後一〇カ月の赤ちゃん」が長く注視したのは、c・dのどちらの場面ですか。一つ選んで、記号で答えましょう。（10点）

（　　）

5 「おもしろい研究」について、問いに答えましょう。（各10点）

(1) どのような研究ですか。

□□な対象と□□□な対象を見せて、赤ちゃんがどちらを□□かを調べた研究。

(2) どのような点が「おもしろい」のですか。文章中の言葉を使って書きましょう。（10点）

表現力

（　　）

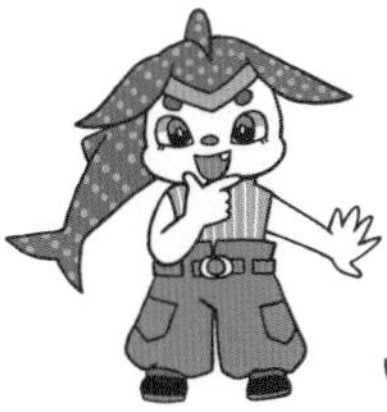

実験から分かったことは何だろう。最初の段落《だんらく》に注目してみよう。

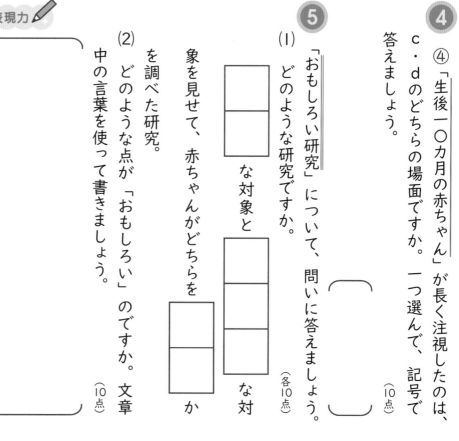

複数の資料の読み取り

◆次の資料と会話を読んで答えましょう。

先生　グラフを見て、気づいたことはありますか。

松本《まつもと》　①耕地面積が減り続けています。

先生　耕地面積は、太平洋戦争のあとから減り続けていて、農作物を育てるための土地（耕地）は、工場や道路、住宅《じゅうたく》などに変わりました。

耕地面積の変化（単位：万ha《ヘクタール》）

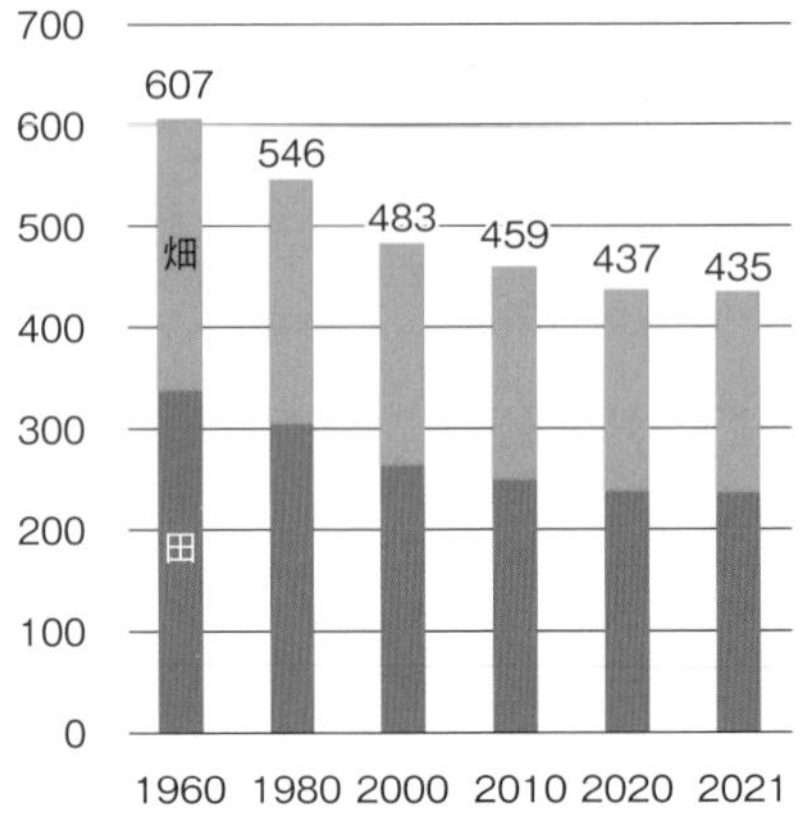

農林水産省「作物統計調査」より

農業で働く人の推移《すいい》

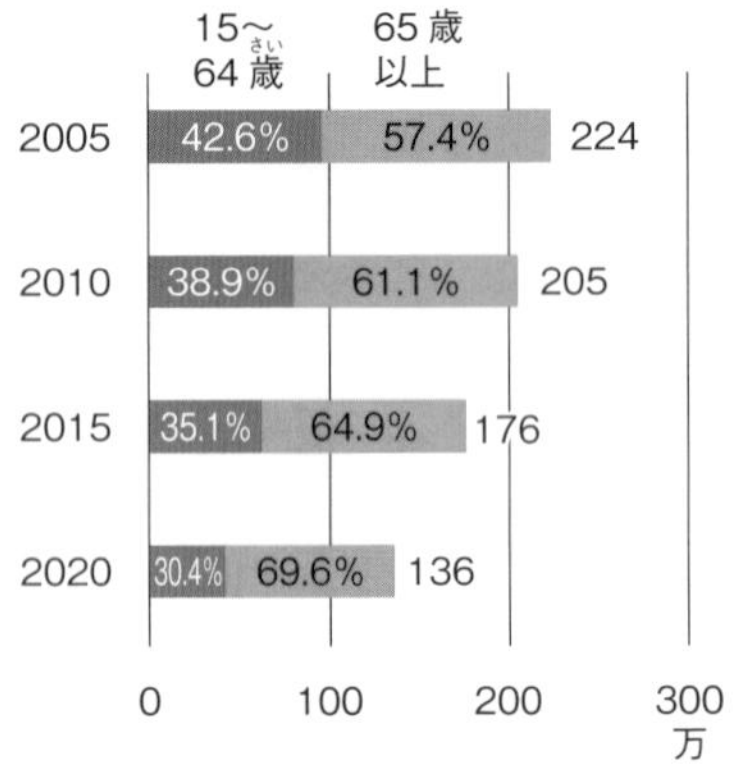

農林水産省「農林業センサス」より

複数の資料の関係や、資料と文章の対応に注目して、資料の内容やそこから分かることをとらえましょう。

① グラフから読み取れるものとして、まちがっているものを一つ選び、○を付けましょう。（10点）

ア（　）田の耕地面積は減少していっている。

イ（　）農業で働く人のうち、65歳以上の人の割合《わりあい》は増え続けている。

ウ（　）農業で働く人のうち、65歳以上の人の数は増えている。

エ（　）農産物の輸出額は増加している。

② ①「耕地面積が減り続けています」とありますが、なぜ減っているのですか。（10点）

戦後、農作物を育てるための耕地は、

割合と実際の数のちがいに注意しよう！

点

林田《はやしだ》　農業で働く人が[A]いますね。

先生　農業では、特に、高齢《こうれい》化《か》が問題になっていて、二〇二〇年では、農業で働く人のうち、約[B]パーセントが六十五歳《さい》以上になっています。

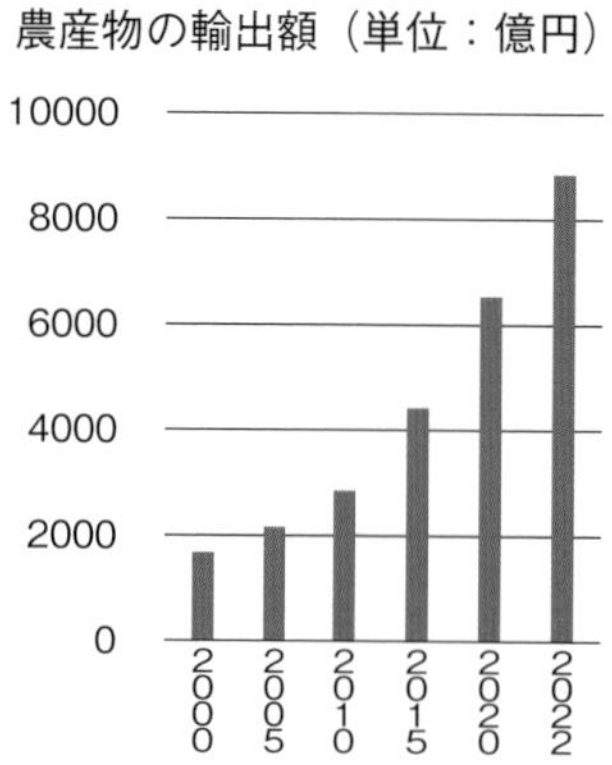

農林水産省「農林水産物輸出入概況《がいきょう》」より

松本　そうなんですね。ということは、日本の農業は、おとろえていっているということですか。

先生　いえ、②そうとも言い切れません。農産物の輸出額のグラフを見てください。

林田　輸出額がどんどんのびていますね。

先生　はい。広い農地で大きな機械を使って行う海外の農業とは異《こと》なり、日本の農業はせまい農地を工夫《くふう》して作っています。ですから、どうしても、値段《ねだん》の安さでは海外の農産物にかないません。しかし、品種改良をしたり、栽培《さいばい》の方法を工夫したりして、日本の農産物は高い安全性と品質を実現しています。そのことが海外でも評価されて、輸出が増えているのです。

松本　日本の農産物が海外にどんどん広まっていくといいですね。

（書き下ろし）

（　　　　）などに変わっていったから。

3　[A]に合う言葉を書きましょう。（10点）

（　　　　）

4　[B]に合う数字を書きましょう。（10点）

（　　　　）

5　②「そうとも言い切れません」について、問いに答えましょう。

(1)　先生がそのように言うのはなぜですか。（20点）

（　　　　）

(2)　(1)のようになっているのはなぜですか。（各10点）

[　　　　]や（　　　　）の方法の工夫の結果として、高い[　　　]と[　　]が海外で評価されているから。

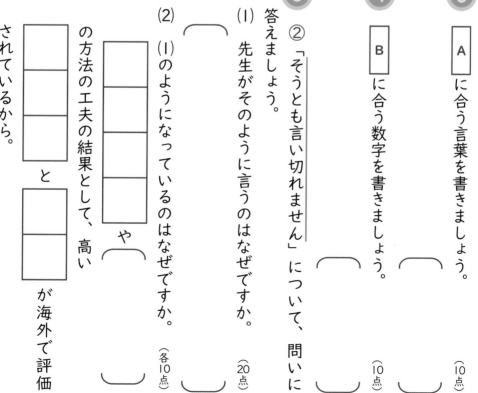

49

論理《ろんり》的文章

複数の資料の読み取り

練習 ★★★

◆次の文章を読んで答えましょう。

ぼくたちがすんでいる地球は、厚さが数十キロメートルほどもある、十数枚の岩石の板におおわれています。「①プレート」とよばれます。

このプレートは、とても分厚くて大きいのに動くのです。ただし、②とてもゆっくりとです。

ハワイが日本に近づいてきているという話を聞いたことはありませんか？　一年に六センチメートルから八センチメートルずつ、ゆっくり、ゆっくりプレートが動いて、その上に乗っているハワイが日本のほうへ動いているのです。

次のページの図を見てください。中央海《かい》嶺《れい》と書かれ

ユーラシアプレート
北アメリカプレート
アラビア海プレート
インドプレート
太平洋プレート
カリブ海プレート
フィリピン海プレート
ココスプレート
南アメリカプレート
ナスカプレート
アフリカプレート
オーストラリアプレート
南極プレート
スコシアプレート

地球をおおうプレート

1 ①「プレート」について、次の問いに答えましょう。

(1) プレートはどこで生まれますか。文章から書きぬきましょう。（10点）

（　　　　）

(2) 太平洋プレートのほかに、日本に接しているプレートを三つ書きぬきましょう。（各10点）

（　　　　）（　　　　）（　　　　）

2 ②「とてもゆっくりと」とありますが、具体的にはどれくらいの速さですか。（20点）

（　　　　）

点

た場所がありますね。プレートが生まれるところです。ここからプレートは、長い時間をかけて動いていきます。たとえば、太平洋の中央海嶺で生まれて西へ向かうプレートは、一億年以上かけて太平洋を旅し、日本列島のそばにある日本海溝《かいこう》にしずみこみます。この旅のあいだじゅう、*マリンスノーがふりつもるのです。

（諸野祐樹《もろのゆうき》『生物がすむ果てはどこだ？　海底よりさらに下の地底世界を探る』くもん出版）

＊　マリンスノー…海の中で雪のようにただよっているもの。プランクトンというちいさな生き物の死がいやフン、ほこりなどでできている。

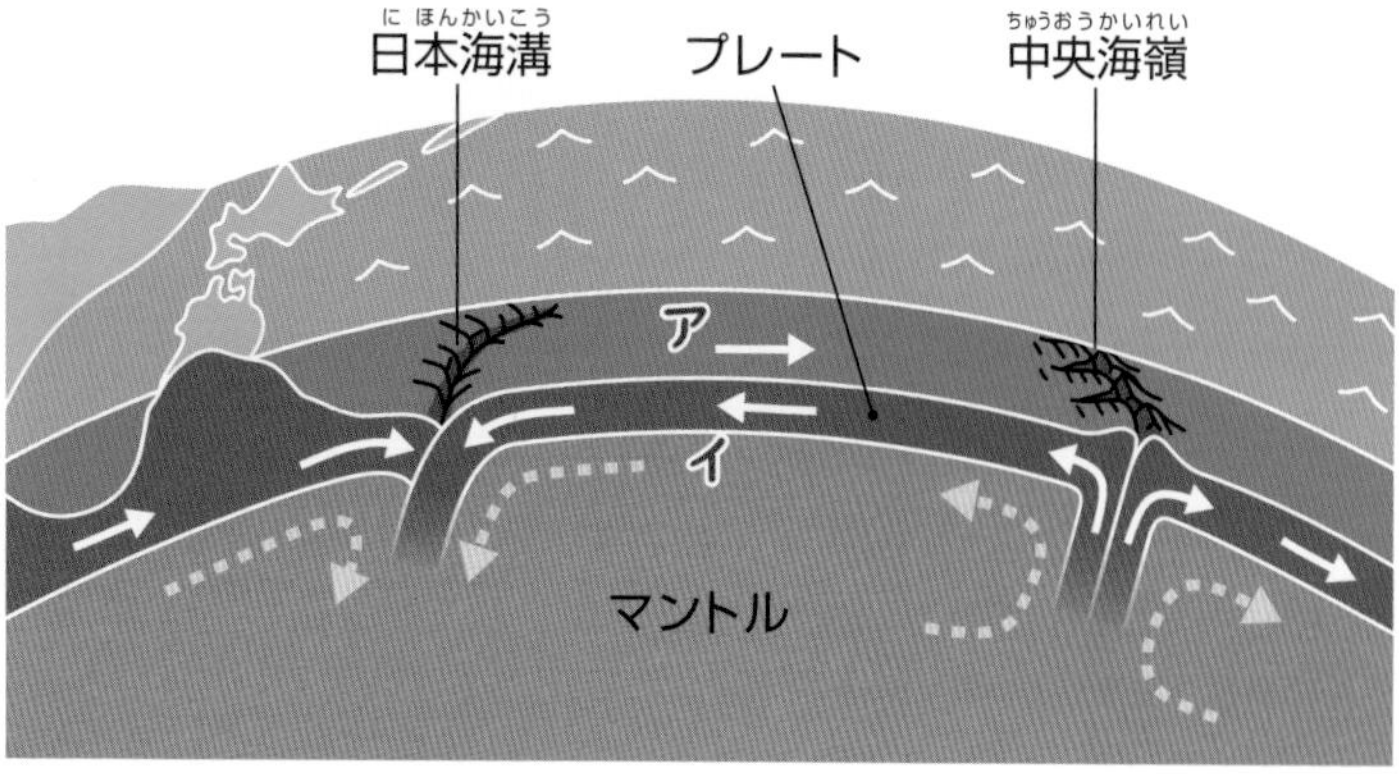
日本海溝《にほんかいこう》
プレート
中央海嶺《ちゅうおうかいれい》
ア
イ
マントル

3 図のプレートが動く向きとして、正しいほうをア・イから選び、記号で答えましょう。（20点）

（　　）

プレートはどれくらいの速さで動くのかな。具体的な数字を使って、答えよう。

4 文章の内容として合うものを一つ選び、○を付けましょう。（20点）

ア（　）厚さが十数キロメートルあるプレートは、動かずに地球の表面をおおっている。

イ（　）中央海溝で生まれたプレートは、やがて中央海嶺にしずみこむ。

ウ（　）プレートが一億年かけて太平洋を動く間に、マリンスノーがふりつもる。

プレートの「旅」というのは、何を表しているのかな。

複数の資料の読み取り

練習 ★★★

◆次の資料と会話を読んで答えましょう。

〔あるニュース記事をもとに、インターネット上で交わされたやり取りである。〕

青少年のインターネット利用時間平均280分！

内閣府《ないかくふ》が行った「令和４年度　青少年のインターネット利用環境《かんきょう》実態調査」によると、青少年のインターネット利用時間の平均が280分にのぼることが分かった。

小学校から高校生までを対象にした調査で、ア インターネットを利用している割合《わりあい》は全体の98.5％と過去５年のうちで最も大きい割合となった。そのうち、イ １日に５時間以上使用する青少年の割合は37.4％、ウ 全体の利用時間の平均は280分となった。

インターネットの利用時間

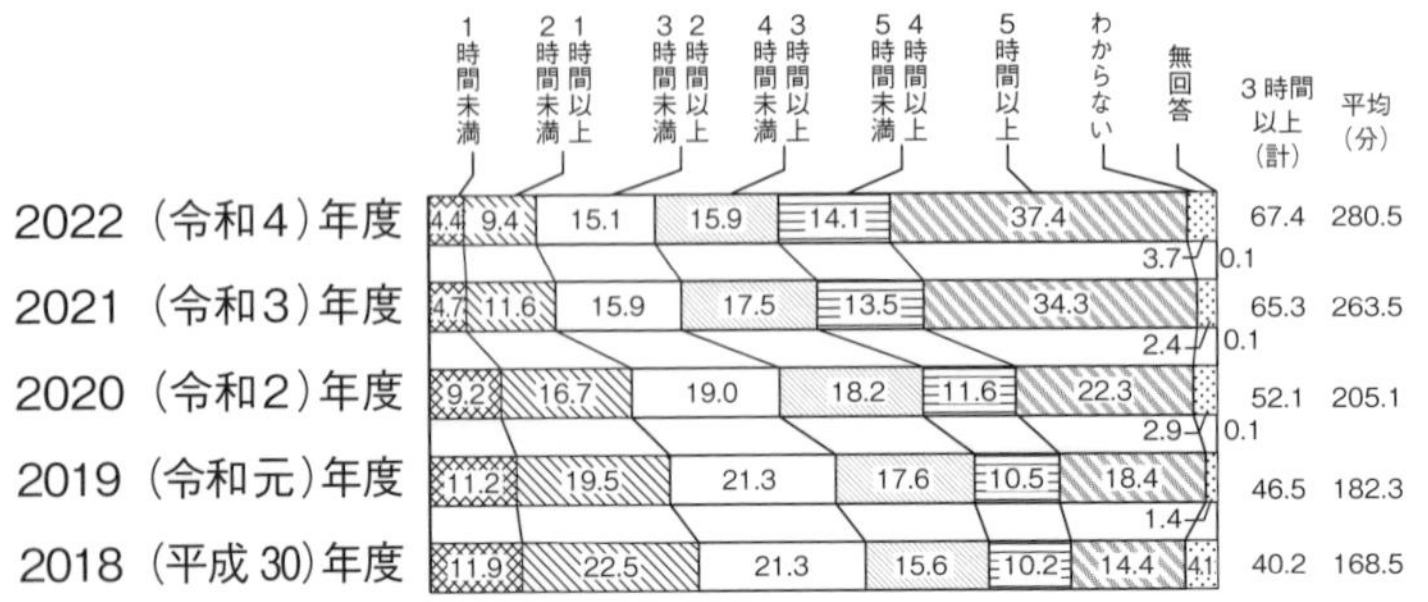
1時間未満
1時間以上2時間未満
2時間以上3時間未満
3時間以上4時間未満
4時間以上5時間未満
5時間以上
わからない
無回答
3時間以上(計)
平均(分)
2022（令和4）年度 4.4 9.4 15.1 15.9 14.1 37.4 3.7 0.1 67.4 280.5
2021（令和3）年度 4.7 11.6 15.9 17.5 13.5 34.3 2.4 0.1 65.3 263.5
2020（令和2）年度 9.2 16.7 19.0 18.2 11.6 22.3 2.9 0.1 52.1 205.1
2019（令和元）年度 11.2 19.5 21.3 17.6 10.5 18.4 1.4 46.5 182.3
2018（平成30）年度 11.9 22.5 21.3 15.6 10.2 14.4 4.1 40.2 168.5

1 ア～ウ――のうち、記事中のグラフから読み取れないものを一つ選んで、記号で答えましょう。（10点）

（　　）

2 Ａ～Ｅさんのうち、青少年のインターネット利用時間が年々のびていることについて、否定的《ひていてき》な意見をもっている人をすべて選び、記号で答えましょう。（完答20点）

（　　）

3 **2**で否定的な意見をもっている人は、青少年のインターネットについて、どのようなことを心配していますか。（20点）

（　　）

4 ①「好きなものを自由に調べられるなんてうらやましい」とありますが、この意見に対して、反論《はんろん》する意見を考えて書きましょう。（20点）

点

A　今の青少年は学校から帰ったら、勉強せずにずっとインターネットを見ているんじゃないか？　利用時間が長すぎるよ。

B　今の子どもはインターネットが身近にあっていいなあ。①好きなものを自由に調べられるなんてうらやましい。

C　でも、こんなにインターネットばかりしていたら、勉強する時間がなくなるんじゃないかな。スマートフォンばかりいじっていると学力が下がるって聞いたことあるし。

D　インターネットで遊んでいるとはかぎらないよ。同じ資料の中にインターネットの利用内容に関する調査もあって、それによると、ニュースを見たり、勉強に使ったりしている子どもも多いみたいだよ。

E　小学生の子どもがいる母親です。②今は学校でインターネットを用いた授業や宿題もあるし、利用時間がのびるのは当然だと思います。機器によっては、子どもが使いすぎたり、有害な情報にふれたりすることを防ぐ設定ができるものもあるし、インターネットの利用時間が増えても、それほど問題ではないと思います。

（書き下ろし）

インターネットの利用状況《じょうきょう》(単位：%)

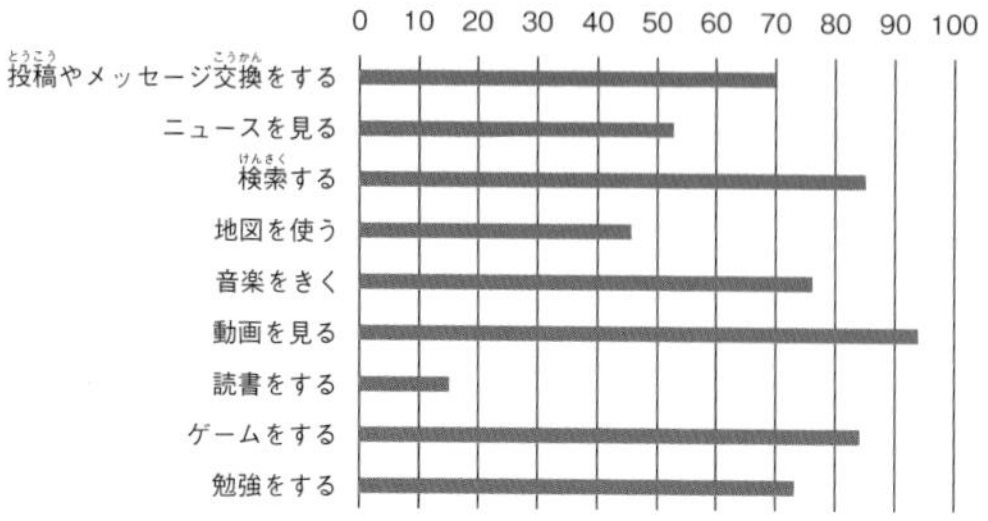
0 10 20 30 40 50 60 70 80 90 100
投稿《とうこう》やメッセージ交換《こうかん》をする
ニュースを見る
検索《けんさく》する
地図を使う
音楽をきく
動画を見る
読書をする
ゲームをする
勉強をする

（　　　　）

5　②「今は学校でインターネットを用いた授業や宿題もある」とは、A～Dさんのどの人の意見に反論して述べているのですか。（10点）

（　　　　）

6　インターネット上でのやり取りであることをふまえて、正しいものを一つ選び、○を付けましょう。（20点）

ア（　）Eさんには小学生の子どもがいる。

イ（　）勉強にインターネットを使っている青少年は半数をこえている。

ウ（　）青少年のインターネット利用時間がのびていても問題はない。

インターネット上のやり取りでは、顔や名前が分からない分、何が正確な情報なのか、しっかり考える必要があるね。

◆次の文章と資料を読んで答えましょう。

ペットボトルや、食品がのっていた発泡《はっぽう》スチロール製の白いトレーなどを捨《す》てるときは、汚《よご》れたままではリサイクルしにくいので、水で洗《あら》って、ある程度きれいにしてから捨てることになっています。

ほんとうは、きれいにすればするほど、そのプラスチックごみを次のプラスチック製品の原料にするには都合がよいのですが、これはかならずしも①「リサイクル」の本来の目的にかなうとはかぎりません。

たとえば、水では汚れが落ちにくいのでお湯を使ったとします。お湯をわかすにはエネルギーが必要です。エネルギー源《げん》として石油を使ったとすると、必要な石油の量は、そのプラスチック製品を石油から新しく作るより多いという見方もあります。リサイクルのためにきれいに洗おうとしてお湯を使うと、かえってたくさんの石油を使ってしまうことになるのです。

また、ジュースを売るとき、ペットボトルの代わりに、くりかえし使えるガラスのびんを使ったとしましょう。たしかにプラスチックの節約にはなりますが、重くなるので、トラックなどで運ぶときに、より多くのガソリンを使うことになります。プラスチックを使わないようにするためにガソリンをたくさん使うというのでは、何のためにプラスチックを節約しているのかわかりません。

食べ物を包むプラスチックは、その食べ物が傷《いた》まないようにする役目もはたしています。もしプラスチックを使わないことにすれば、食べ物が傷んだりくさったりしやすくなって、食べられずに捨てなければならない食べ物が増えるかもしれません。これも資源《しげん》のむだ使いです。

プラスチックをどのようにリサイクルすればよいのか。プラスチックをできるだけ使わないようにしたとき、かえってむだやごみが増えるのではないか。どうすれば資源の節約になり、しかも、②プラスチックごみで汚れていない地球でくらすことができるのか。プラスチックは、わたしたちの生活に深く入りこんでいるだけに、さまざまな社会の問題とも結びついています。こうした問題に答えるには、プラスチックごみのことだけではなく、わたしたちの暮《く》らしや社会のしくみ全体を考えていかなければなりません。わたしたちはこれから、どういう社会をどのようにして作っていけばよいのか。それは、③わたしたち一人ひとりが考えなければならない問題です。

（保坂直紀《ほさかなおき》『クジラのおなかからプラスチック』旬報社《じゅんぽうしゃ》）

【グラフ】3Rに関する意識の変化（単位：%）

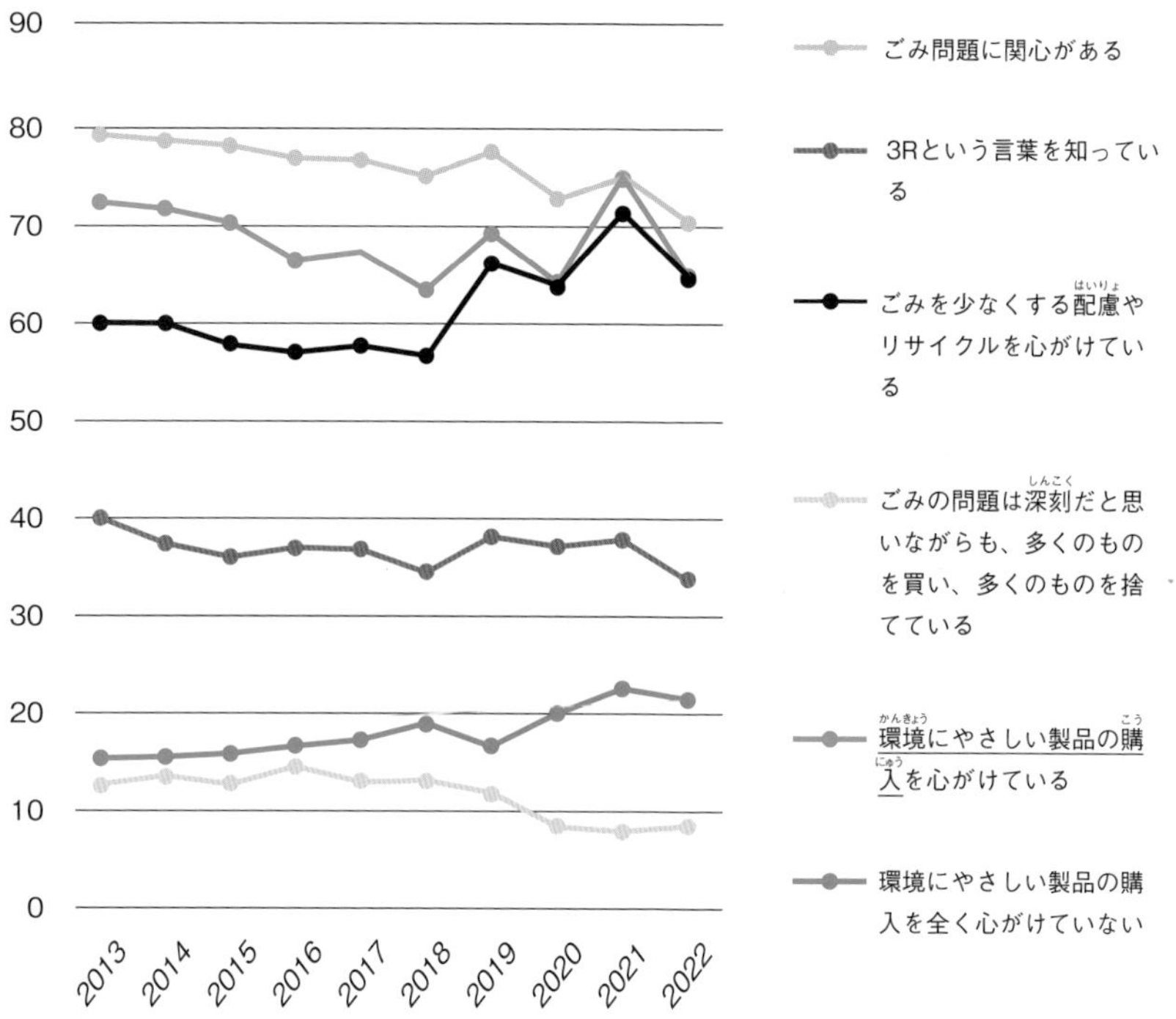

90
80
70
60
50
40
30
20
10
0
2013
2014
2015
2016
2017
2018
2019
2020
2021
2022
ごみ問題に関心がある
3Rという言葉を知っている
ごみを少なくする配慮《はいりょ》やリサイクルを心がけている
ごみの問題は深刻《しんこく》だと思いながらも、多くのものを買い、多くのものを捨てている
環境《かんきょう》にやさしい製品の購《こう》入《にゅう》を心がけている
環境にやさしい製品の購入を全く心がけていない

（環境省《かんきょうしょう》「環境・循環型《じゅんかんがた》社会・生物多様性白書」より作成）

1 ① 「『リサイクル』の本来の目的」とは何ですか。文章から五字で書きぬきましょう。（5点）

2 かえってむだやごみが増える事例として、文章では、どのような事例が挙げられていますか。（各10点）

取り組み	結果
プラスチック製品を（　）で洗って捨てる。	（　）
ジュースを売るときに、（　）を使う。	より多くのガソリンを使うことになる。
食べ物を包むプラスチックをなくす。	食べ物が傷みやすくなり、（　）

 ←次のページに続きます。

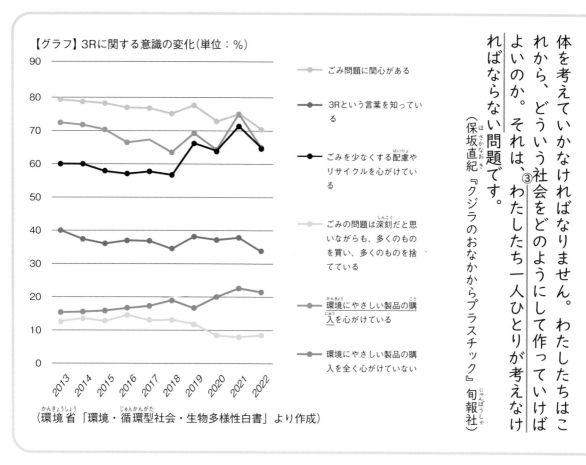

3

② 「プラスチックごみで汚れていない地球でくらす」ためにできる行動にはどのようなものがありますか。【グラフ】の中から二つ書きぬきましょう。（各10点）

4

【グラフ】の「環境にやさしい製品の購入《こうにゅう》」についての意識について、どのようなことがいえますか。（　）に合う言葉を、あとから一つずつ選び、記号で答えましょう。（各5点）

二〇一三年から二〇二二年の間に、環境にやさしい製品の購入を心がけている人の割合《わりあい》が（　）、全く心がけていないひとの割合が（　）いることから、意識が（　）なっているといえる。

ア 増えて　イ 減って　ウ 高く　エ 低く

5

③ 「わたしたち一人ひとりが考えなければならない」について、次のようなやりとりがありました。ごみや資源《しげん》の問題について、人々の意識を高めるためにはどのような取り組みが必要だと思いますか。考えたことを書きましょう。（20点）

高橋《たかはし》　【グラフ】の3Rって何ですか？

先生　「Reduce《リデュース》」、「Reuse《リユース》」、「Recycle《リサイクル》」の初めの一字をとったものです。自分にできることがないか、考えましょう。

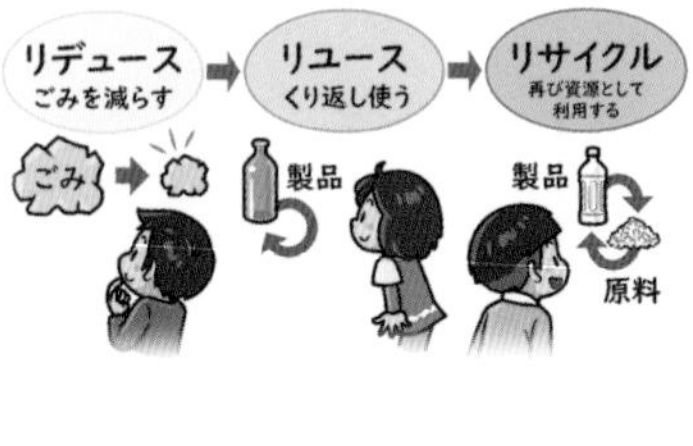
リデュース
ごみを減らす
リユース
くり返し使う
リサイクル
再び資源として利用する
ごみ
製品
製品
原料

表現力

【グラフ】の内容をもとに考えてもいいね。

確かめテスト①

点

◆次の文章を読んで答えましょう。

広島《ひろしま》で開催《かいさい》された都道府県対抗《たいこう》男子駅伝の二区を走る中学生の山野海人《やまのかいと》を、サポートの斎藤湊《さいとうみなと》は、中継所《ちゅうけいじょ》の先で待っていた。

ごちゃごちゃしたかたまりの中から、海人は一番に飛び出してきた。快調な走りだった。だんだん近づいてくる顔にも強張《こわば》りがなかったが、逆に湊の顔のほうがだんだん強張ってきた。いつまでたっても、海人がたすきをかけないのである。

後続の選手たちは、すでにかけてしまっているというのに、一人だけ、にぎりしめたままなのだ。

まさか。

胸《むね》がきゅっとしめつけられたようになった。①その瞬間《しゅんかん》、湊は走っていた。

「山野っ、山野っ」

たすきは大事だ。着実に受《う》け渡《わた》さなければならないし、走行中は正しく装着《そうちゃく》していなければならない。

「たすきっ、たすきっ」

沿道《えんどう》を全力で走りながらの絶叫《ぜっきょう》に、気がついた海人がようやくたすきをかけたときは、全身から力が抜《ぬ》けた。

よかった～。

走行距離《きょり》にすると数十メートルくらいだったろうが、フルマラソンを走りきったように消耗《しょうもう》していた。

スタート地点から、海人のテンションがかなり高いことは気がついていた。もちろん、試合前は、気分が乗っているに越《こ》したことはないが、湊は少しばかり心配をしていた。

なにか、やらかさなければいいけど。

「四十番だぞ」

だから、もう一度スタート前には□を刺《さ》しておいたのだが。

②二区は中学生のエース区間だ。最終選考の結果は、佐々木和《ささきかず》、山野海人、斎藤湊の順で、それぞれに三秒ほどの差がついた。本来なら、佐々木和が走るところだが、熊沢監督《くまざわかんとく》が選んだのは、海人だった。

区間が発表されたときは、疑問《ぎもん》も感じたが、それは海人のサポートをしてみて、解消された。海人はまったくびくついてなかったのだ。それどころか、走れることが楽しみでしょうがないようだった。

駅伝の前半は、勢いが大切だ。その意味では海人のほ

←次のページに続きます。

うが佐々木和よりも適している。佐々木のほうがタイムは勝《まさ》るが、海人の勢いにはかなわない。

ましてや自分には無理だったろうとも思える。高校ナンバーワンの沢田《さわだ》からもらったたすきを、スター選手水島《みずしま》に渡すなんて、湊は考えただけで身がすくんだ。

海人と自分の差は三秒ほどだったが、気持ちのほうにはもっと差がついていた、と今になって湊は思う。現にあんなアクシデントがあったにもかかわらず、海人は元気に走っていった。

なんて強いハートなんだ。

沿道に立ちすくむ湊の脇《わき》を、後続の選手たちがぞくぞくと走り去っている。

でもやっぱ、走りたかったかな。

選手たちの背中《せなか》を見ていると、③ほんの小さな未練が、ちくっと胸を突《つ》ついた。

と、そのとき、

ブーブーブー。

ポケットに入れていた、スマホが震《ふる》えた。取り出すと電話の着信で、斎藤正志《まさし》と表示が出ている。湊は耳にスマホを押《お》し当《あ》てた。

「④お父さん？」

「おお、湊。速かったな」

「テレビに映《うつ》ってたの？」

湊は思わず首をすくめる。

「ああ、映ってたぞ。沿道を誰《だれ》かが走ってきたから、そっちのほうに目が行ったんだ。よく沿道を一緒《いっしょ》に走っている子どもとかがいるじゃないか。それにしては速いなと思ったら、湊だったからびっくりしたんだ」

父親の声は、はずんでいた。母と弟は、顧問《こもん》の先生らと一緒に広島まで応援《おうえん》にかけつけてくれたが、父はテレビで応援していた。都市銀行に勤務《きんむ》している父は、現在東京に単身赴任中《ふにんちゅう》なので、今日のテレビ中継《ちゅうけい》を楽しみにしてくれていたのだ。

「じつは父さんも、彼《かれ》がなかなかたすきをかけないのにやきもきしていたんだよ。たすきはかけないとまずいんだろ？」

恥《は》ずかしさに湊の顔は熱を持ったが、電話の向こうの父親はうれしそうだ。

「うん。失格の対象になるらしいよ」

湊は控《ひか》え目《め》だが、さりげなく自分の手柄《てがら》をアピールしてみせた。離《はな》れている父に甘《あま》えたいような気持ちもあった。

「よく気がついたな」

父はそんな気持ちを受け止めるようにほめてくれ、顔がくちゃくちゃになった。テレビカメラが周りにないかと目を配ったが、大丈夫《だいじょうぶ》なようだった。

「うん。彼、ちょっとてんぱってたから、心配してたんだ」

湊には危《あぶ》なっかしい人に知らず知らずのうちに、注目してしまうところがある。それを父親も知っているようで、

「湊は、昔から注意深いからな」

と、誇《ほこ》らしそうな声を出した。

「出られなくて残念だったけど」

そこで初めて、やっぱり走る姿《すがた》を見せたかったという思いがこみ上げてきた。こんなことで喜んでくれた父を、走って喜ばせてやりたかった。改めて悔《くや》しくなった湊に、

「出たじゃないか」

父は大きな声をあげた。

「それに、走るよりも大きな仕事をしたじゃないか。湊が間に合わなかったら、彼は次までたすきを持ったままだったかもしれないぞ。そしたら福岡《ふくおか》チームは失格だったんだろ」

「ま、まあね」

さすがにそこまでの大ぼけはかまさないだろうが、あの海人ではその可能性も否定《ひてい》できない。

「かっこよかったぞ、湊」

「ありがとう」


（まはら三桃《みと》『白をつなぐ』小学館）

1 ①「その瞬間、湊は走っていた」とありますが、何のために走ったのですか。（10点）

2 □に入る言葉としてふさわしいものを一つ選んで、○を付けましょう。（10点）

ア（　）針《はり》
イ（　）釘《くぎ》
ウ（　）棒《ぼう》

3 ②「二区は中学生のエース区間だ」とありますが、二区を走る選手に海人が選ばれたことを、湊はどう思っていますか。合うものを一つ選んで、○をつけましょう。（10点）

ア（　）最終選考の結果、最もタイムが速かった佐々木和が選ばれるべきだった。

イ（　）高校ナンバーワンの沢田とスター選手水島の間の大事な区間なので、海人では不安だ。

ウ（　）勢いが必要な駅伝の前半の走者として、まったくびくびくしていない海人が適している。


⬅次のページに続きます。

4 ③「ほんの小さな未練」とはどのような思いですか。「駅伝」という言葉を使って書きましょう。（10点）

（　　　　　　　　　　）

③——の前の、湊の心の中の言葉から読み取ろう。

5 ④「お父さん？」とありますが、湊の父親は、何を見て電話をしてきたのですか。（各10点）

駅伝の（　　）に映っていた（　　）を走る（　　）の姿。

6 湊に電話をかけてきた父親は、どんな気持ちでしたか。合うものを一つ選んで、○を付けましょう。（10点）

ア（　）注意深く選手を見て、チームの危機《きき》を防いだ息子を誇らしく思う気持ち。

イ（　）がんばって練習を積んできたのに選手に選ばれなかった息子をかわいそうに思う気持ち。

ウ（　）ふだん離れて暮《く》らしている息子を、たまには甘えさせてやりたいと思う気持ち。

7 父親の□の言葉を聞いて、湊の気持ちはどのように変わりましたか。「〜気持ちだったが、〜気持ちになった。」の形で書きましょう。（20点）

表現力

（　　　　　　　　　　）

父親の言葉を聞く前とあとで気持ちがどう変わったかを考えてみよう。

◆ 次の文章を読んで答えましょう。

〔筆者は、国際連合(国連)で、開発途上《とじょう》国の開発支援《しえん》に関わる仕事をしている。〕

私《わたし》たちの仕事では、時に人間の最も恐《おそ》ろしく汚《きたな》く罪深いところを見せつけられることもしばしばあります。①今日の日本では想像するのが難《むずか》しいかもしれませんが、世界の多くの場所で、「平和」というものは苦労してつくり出し大切に守らなくてはならないものであって、自然と存在《そんざい》するものではないのです。武器を持った人間が女性や子どもを殺戮《さつりく》しようとする現場では、「話し合いましょう」は机上《きじょう》の空論《くうろん》、理想論であり、通用しません。タガが外れてしまった人間は、想像もできないほど残酷《ざんこく》な行《こう》為《い》をすることもありますし、ふつうの生活を送ってきた市民が扇動《せんどう》されたり恐怖《きょうふ》に駆《か》られたりして暴力に走ることもあります。

反対に、最も悲惨《ひさん》な状況《じょうきょう》での人間の強靱《きょうじん》さや、恐ろしい状況下《じょうきょうか》で人間が持つことができるすばらしい勇気を目《ま》の当《あ》たりにすることもあります。そういった時、私は②人間の本当の価値《かち》が富や名声、社会的な地位などとはまったく関係ないところにあるのだ、ということを身をもって学びました。人生の＊1辛酸《しんさん》をさんざんなめつくし困窮《こんきゅう》のなかにある＊2難民《なんみん》の老女が、それを超越《ちょうえつ》して他人を思いやる慈愛《じあい》に満ちた顔を私に向ける時、実は私が難民を助けているのではなく、私が難民から人間にとって一番大切なものを教えられているような気がするのです。それは、人間を人間たらしめるもの、「人間の尊厳《そんげん》」といったものかもしれません。

私が仕事で一番喜びと満足を感じるのは、国連の会議場で演説する時でも、大臣など政府高官との会合に丁重《ていちょう》に迎《むか》えていただく時でもありません。日常の業務のなかで、理想に燃える若《わか》い職員がおもしろいアイデアをぶつけてくる時、現場を訪問《ほうもん》して困難《こんなん》な状況下で人間の真の価値がキラリと光る瞬間《しゅんかん》に居合わせた時などです。私にとって国連での仕事は、生来それほど思索的《しさくてき》でも哲学的《てつがくてき》でもなかった私に、人間の存在についての根本的な疑問《ぎもん》や、私たちが住む世界について深く考え、学ぶ機会を与《あた》えてくれ、それによって私の人生を豊かにしてくれるものです。

自分の特性や専門《せんもん》を生かし、職業をとおして社会に貢献《こうけん》し、それを自己《じこ》成長の手段《しゅだん》にし、生活の糧《かて》だけでなく人生における幸福追求の一つの糧にする、というのは男

点

←次のページに続きます。

女の別なくごく自然なことだと思います。それぞれが自分に最も適した形、信じる形で社会に関わり、貢献《こうけん》していけばよいのだと思います。そして、現在高校生と中学生の私の二人の娘《むすめ》たちもそうですが、若いみなさんは大人になる入口の今こそ、これからどのような人生を生き、社会に関わり、どのような世界を創《つく》っていきたいのかを、考えている最中なのでしょう。

（中略）

まずは、自分の信念と何をしたいのかをしっかりと考えること。これは自分の人生の目的を考えるということでもあるかもしれません。それには、ともかくいろいろなことを勉強すること、経験すること、考えることです。最初から「国連に入るために勉強する」のではいけないのです。勉強して考えた結果、見えてくるのが人生の目的なのだと思います。いろいろなことに参加して、経験して、感動する心を持つこと。あなたの周りの不正義に怒《いか》り、痛《いた》みや悲しみを共有し、あなた自身のパッション（強い思い・情熱）を育てること。そして、自分の価値観や行動を律《りっ》する「モラル・コンパス」[*3]や、③あなた自身の個性をしっかりと持つこと。国連のような多文化の組織のなかでは、さまざまな価値観の人がいます。長く海外に暮《く》らして仕事をしていると、実は多様な価値観にも多くの共通点があることがわかり、そうであればこそ私たちは尊重し合い共存・共生できるわけですが、あなたがあなたらしく生きていくには、あなた自身のしっかりした個、「核《かく》」のようなものが必要です。そして、これは表層的《ひょうそうてき》な「日本人らしさ」といったことではもちろんありません。

（中略）

国際公務員に求められている資質とは、平和の追求や人権《じんけん》の尊重、世界の「誰《だれ》一人取り残さない」という理想を、いかに現実のプロセスで具体的に実現していくことができるかを冷静に計算し、知恵《ちえ》を絞《しぼ》って考え、実践《じっせん》していく能力です。実施《じっし》していく上で、ぶれない信念を持ち続けることはいうまでもありません。あとは仕事の上で大切なのは、国連に限りませんが、チームワークを重んじて、誠実《せいじつ》に、正直に、そしてまじめに一生懸命《いっしょうけんめい》働くこと。「国連は実力よりも立ち回りのうまい人間が昇進《しょうしん》する、日本人は自己主張をしないから損をする」などという誤《あやま》った噂《うわさ》に惑《まど》わされてはなりません。難しい人間関係があるのは、どこの職場でも同じこと。国連の場合はそれに多文化という要素が加わるにすぎません。日本で育ち、チームワークを尊重して勤勉《きんべん》に正直にがんばる習慣を自然と身につけることができた私は、日本人で得をしたと思うことはしばしばありますが、損をしたと思ったことはこれまで一度もありません。

（中満泉《なかみついずみ》『危機《きき》の現場に立つ』講談社）

*1　辛酸をさんざんなめつくし…「辛酸をなめる」は、つらい経験をすること。

＊2　難民…戦争や政治的な理由で　祖国や居住地からにげなければならなかった人。
＊3　モラル・コンパス…自分の中にある道徳的な基準。

1
① 「今日の日本では想像するのが難しい」とありますが、想像するのが難しいのはどのようなことですか。（各10点）

「〔　　　〕」は、〔　　　〕ではなく、苦労してつくり出し〔　　　〕であるということ。

2
② 「人間の本当の価値」を言いかえた表現を、文章から五字で書きぬきましょう。（5点）

□□□□□

3
③ 「あなた自身の個性」とありますが、筆者が考える「個性」とは、どのようなものですか。文章中の言葉を使って書きましょう。（15点）

〔　　　〕

4
筆者の仕事に対する考えについて、問いに答えましょう。

(1) 筆者は、自分にとって国連での仕事がどのようなものだと考えていますか。それが書かれた一文を探《さが》して、はじめと終わりの四字をそれぞれ書きぬきましょう。（10点）

□□□□～□□□□

(2) 筆者が、国連に限らず、仕事をする上で大切だと考えていることは何ですか。文章中から三十五字で探して、はじめの五字を書きぬきましょう。（10点）

□□□□□

5
文章の内容として合うものを一つ選んで、〇を付けましょう。（10点）

ア（　）多文化における多様な価値観の中でも、私たちは尊重し合い、共生することができる。

イ（　）日本人は、チームワーク、誠実さ、正直さなどの日本人らしさを世界にアピールしていくべきだ。

ウ（　）現場の状況を目の当たりにすれば、これまでの信念を変えることも仕方がない。

⬅次のページに続きます。

6

「それぞれが自分に最も適した形、信じる形で社会に関わり、貢献していけばよい」とありますが、あなたはどのような形で社会に関わりたいと思いますか。つきたい仕事や将来《しょうらい》やってみたいことなど、あなたの考えを八十字以内で書きましょう。（20点）

くもんの国語集中学習　小学6年生 文章読解にぐーんと強くなる

2024年 2 月　第1版第1刷発行

●発行人　志村直人
●発行所　株式会社くもん出版
〒141-8488 東京都品川区東五反田2-10-2
東五反田スクエア11F
電話　編集　03(6836)0317
営業　03(6836)0305
代表　03(6836)0301

●印刷・製本　株式会社精興社
●カバーデザイン　辻中浩一＋村松亨修（ウフ）
●カバーイラスト　亀山鶴子

ISBN 978-4-7743-3545-2

ＣＤ 57355

くもん出版ホームページアドレス　https://www.kumonshuppan.com/
くもん出版お客様係　info@kumonshuppan.com

●本文イラスト　今田貴之進
●本文デザイン　岸野祐美
（株式会社京田クリエーション）
●本文キャラクター　平井彩香
（株式会社京田クリエーション）
●編集協力　株式会社あいげん社

小学6年生

文章読解にぐーんと強くなる

別《べっ》冊《さつ》解答書

・（　）は、答えにあってもよいものです。
・〈　〉は、別の答え方です。
・例は、答えの例を示しています。
・答えといっしょに、解説も読みましょう。
・答えに文字数などの指定がない場合、習っていない漢字は、ひらがなで書いていても正解です。

1 論理《ろんり》的文章 話題　基本　4・5ページ

① 火星・生命　② A エ　C オ
③ タフ
④ 例 地球生命にとって生存《せいぞん》することが難《むずか》しいところ。
⑤ 探査機《たんさき》・微生物《びせいぶつ》　⑥ イ

解説

① 第一～第三段落《だんらく》で、海があることによって、火星も地球と同様に生命が誕生《たんじょう》したと考えられると説明されています。

② A 直前の内容から導かれることが直後に述べられているので、「ですから」が入ります。

C 「地下深くの、水が流れているような環境下《かんきょうか》」という具体例を後で挙げているので、「たとえば」が入ります。

③ 直後に月に行った地球生物が生《い》き延《の》びたということが書かれており、最終段落に「このように生命はタフですから」と述べられています。

⑤ ②――の前の「そのために」は、直前にあるように、探査機《たんさき》の殺《さっ》菌《きん》ができないために、ということを述べています。

⑥ 前の段落までに生命が「タフ」であることが述べられ、そのことから、地球とは異《こと》なる厳《きび》しい環境である火星でも、生命が生き延びている可能性があると述べられています。

2 論理《ろんり》的文章 話題　練習　6・7ページ

① 文章・大切
② 先、先～いい。
③ 一方的・身勝手
④ イ
⑤ 例 読む人にとって興味深く、知的な刺激《しげき》を感じられるような文章。

解説

① 「文章」について、「料理」と比べたりたとえたりしながら、何が大切かを述べています。

② 直前の内容を指しています。読む人に「そういう気持《きもち》」を与《あた》えるものが「名文」だとあります。

③ 直後に「自分の書きたいことを……親切心が足りない」と述べられています。

④ 直後の段落《だんらく》の「おもしろいというと……ないわけではないが」、「ここで言っているおもしろさ」は別のもの（＝相手の関心をひくもの）だという説明に注意しましょう。

⑤ 筆者はどのような文章が「おもしろい」と考えているのかを明らかにしてまとめましょう。

3 論理《ろんり》的文章 話題 練習 8・9ページ

1 例 自由とは何か
2 原因・電気の回路
3 例 あらかじめ原因があって起こることではないから。
4 イ
5 原因・（理論上は）自由がはたらく余地・自由（というもの）

解説

1 [1]の段落《だんらく》に注目しましょう。
2 「同じだ」とは、直前の「どのような出来事にも原因がある」を受けています。
3 直後の「『自由』とは」以下で述べられている内容を読み取りましょう。
4 直後の段落で、「例えば」と例を挙げて説明されています。
5 直前の「そう考えたときに、」の「そう」の指示内容を読み取りましょう。

4 論理《ろんり》的文章 話題 応用 10・11ページ

1 アタマかたくなってる
2 例 鳥の視点《してん》で世界を見てみること。
3 三原色・四原色　4 ウ
5 例 見える世界がちがえば、知識や考え、発想もちがうので、人間同士も、人間と鳥のように視点がちがうと捉《とら》えておくとよいということ。
6 例 同じ本を読んだ友達が、これは悲しい話だと言ったのでおどろいた。わたしは、こっけいな話だと思ったからだ。

解説

1 第一段落《だんらく》に注目しましょう。
3 第三段落に人間と鳥の見え方のちがいが述べられています。
4 「紫外線《しがいせん》」は鳥には見えますが人間には見えません。直前に「紫外線でしか見えない模様《もよう》」とあるので、「まったく見えない」が入ります。
5 「そう」の内容は直前に書いてあります。さらに、②――の内容は直後で説明されています。
6 「自分にとっての見え方がすべてではなくて、他人には別の見え方があるかもしれない」などとあるように、さまざまな見方・捉《とら》え方《かた》があるということを、筆者は述べていました。

5 論理《ろんり》的文章 指示語・接続語 基本 12・13ページ

1 A エ　B ウ　C イ
2 例 おたがいの希望がぶつかったとき。
3 不満・やっていける解決
4 ウ

解説

1 A 直前の「おたがいの希望がぶつかります」の例が後に続くので、「たとえば」が入ります。
B コミュニケーションの技術の大切さから、コミュニケーションが得意になる方法に話題が変わるので、「では」が入ります。
C 直前の、昔は自然とコミュニケーションの技術がみがかれたという内容に対して、直後には、最近の人はコミュニケーションが苦手になっているという、逆の内容が続くので、「でも」が入ります。

2 「そういうとき」は「おたがいの希望がぶつかります」を受けています。

3 直前の段落《だんらく》で述べられていた、「おたがいが少し不満だけど、とりあえずやっていける解決を見いだせる」ことを指しています。

4 「そうして」は、人とぶつかりながら「コミュニケーションの練習」を重ねて上達していくという直前の内容を指します。

6 論理《ろんり》的文章 指示語・接続語 練習 14・15ページ

1 イ　2 実力を蓄《たくわ》える練習の段階《だんかい》
3 A ア　B イ　C ウ
4 いざ・学び方を学ぶ
5 例 人間の探究心《たんきゅうしん》や努力が受《う》け継《つ》がれてきたことを実感すること。

解説

2 「それ」が直接指すのは「練習を積み上げる段階《だんかい》」ですが、字数がちがうので、十一字で言いかえた表現を探《さが》します。

3 A 直前の、学校での勉強は練習段階だという内容を受けて、直後の、すぐに役に立たなくてよいという内容が順当に続くので、「だから」が入ります。
B 直前の、「いざ」というときに学べばいいという内容に対して、直後には、「いざ」というときには、何が正しいか判断できないという、逆の内容が続くので、「しかし」が入ります。
C 前と後で、「学ぶ」「目的」を並《なら》べて説明しているので、「また」が入ります。

4 直前の段落《だんらく》で述べられていた、「いざ」というときの「学び方を学ぶ」という勉強の目的を受けています。

5 「そのような」と直前の内容を指して、「人間の歴史的な知的活動」と述べています。

7 論理《ろんり》的文章 指示語・接続語 応用 16・17ページ

① A しかし　B だから　② 情けない
③ 例 植物にとって、花を咲《さ》かせて、種を残すことがもっとも大切だということ。
④ ア
⑤ 例 失敗したときに、無理に同じ方法を続けるのではなく、目的を果たすための工夫《くふう》をすることが大切だと思いました。

解説

① A 直前の、一度くらいは立ち上がるという内容に対して、直後には、何度も踏《ふ》まれると立ち上がらないという、逆の内容が続くので、「しかし」を書きぬきます。
B 直前の、花を咲《さ》かせて、種を残すことが大切という内容を受けて、直後には、踏まれたら立ち上がらないという内容が順当に続くので、「だから」を書きぬきます。

② 「そう」は、立ち上がらない植物を「何だか、情けない」と思うかもしれないという内容を受けています。

③ 「そう」は、植物にとって大切なのは、花を咲かせて、種を残すことだという内容を受けています。

⑤ 花を咲かせて、種を残すという目的のために、無理に立ち上がらない雑草のあり方から、考えたことを書きましょう。

8 文学的文章 場面 基本 18・19ページ

① 玄関《げんかん》
② ウ
③ 頭からすっ～つけている
④ 例 女の人が祖父にハグアンドキスの挨拶《あいさつ》をしたから。

解説

① 要約部分に、佑《たすく》が「デイサービスについていった」とあり、文章の初めに、「玄関《げんかん》は、～広かった」とあるので、デイサービスの玄関での出来事だと分かります。

② ①――の後に注目しましょう。佑は、「こんなのをおじいちゃんがはくなんて」と思い、いたたまれない気持ちになっています。「こんなの」とは、その前の、「小学生が学校ではく、室内用のシューズ」を指しています。

③ 女の人の様子は、②――の後のまとまりで説明されています。女の人が他の人とちがう姿《すがた》だったため、見返してしまったので、「頭からすっぽりと布をかぶっていて、そのはじを、首にぐるっと巻《ま》きつけている」の部分をぬき出します。

④ ③――の直前に、「ハグアンドキスの挨拶《あいさつ》を、初めてリアルで目撃《もくげき》して」とあるので、佑たちは、ハグアンドキスの挨拶を見てあっけにとられたと分かります。指定されている言葉に気をつけて、だれがだれに挨拶をしたのかを入れてまとめましょう。

9 文学的文章 場面 練習 20・21ページ

① お寺・だるまさん転んだ

② 在所の納屋《なや》にあった子供用《こどもよう》自転車

③ 例 誰《だれ》かにうしろで持っていてもらわないと漕《こ》ぎ出《だ》せないから。

④ ・例 肩《かた》の力を抜《ぬ》く。
・例 背筋《せすじ》を伸《の》ばす。〈重心を腰《こし》に乗せる。〉
・例 遠くを見る。〈真正面を見る。・下を向かない。〉
※順序がちがっても正解。

⑤ ア

解説

② 二つ目のまとまりに、「在所の納屋《なや》にあった子供用《こどもよう》自転車を借りて引いて行った」とあります。

③ 「雅夫《まさお》は恵子《けいこ》ちゃんに自転車の練習を手伝って欲《ほ》しいと頼《たの》んだ」の直後の文に、頼んだ理由が書かれています。

④ 雅夫の練習を手伝っているときの恵子ちゃんの言葉から読み取りましょう。「肩《かた》に力が入り過ぎ。もっと力を抜《ぬ》いて」「背筋《せすじ》を伸《の》ばして」「もっと遠くを見るの」と言っています。

⑤ ②――の直後の「雅夫は初めての経験に興奮《こうふん》した」に注目しましょう。「初めての経験」とは、初めて自転車に乗れたことです。

10 文学的文章 場面 応用 22・23ページ

① 例 水脈をあてれば、一年中その井戸の水はかれることはない

② 父親・母親・井戸《いど》掘《ほ》り・やぐら
※「父親」「母親」は順序がちがっても正解。

③ 滑車《かっしゃ》・土砂《どしゃ》・ロープ

④ イ

⑤ 例 母や祖父にバス賃《ちん》を出してもらったことを負い目に感じ、そのお金の分を返したいと思う気持ち。

解説

① 「そう」は、①「そう聞いたことがあった」のすぐ前の「この時期に井戸を掘《ほ》って～かれることはない」の一文の内容を指しています。

② ②「きのうから」をふくむまとまりとその後のまとまりに注目しましょう。きのうからきょうまでにだれが何をしたのかが説明されています。

③ 「あしたは日曜なんだから、たくやも手伝え」とあるので、たくやは、あしたすることを手伝うように言われています。あしたすることは、「いよいよあしたから、」で始まるまとまりから読み取りましょう。

⑤ 井戸掘りを手伝うように言われたたくやは、いつもは遊びに行く時間を作るのに、今回は手伝おうとしています。「理由はこの前の日曜日にあった」の後の部分から、たくやにどんなことがあって、そのためにどんな気持ちなのかを読み取りましょう。

11 文学的文章 心情 基本 24・25ページ

1 視力《しりょく》・メガネ・ゆがんで

2 ウ

3 例 意外と短いので、そんなに難《むずか》しい手術ではないのかもしれない。

4 イ

解説

1 「手術が成功すれば、」で始まる二文から読み取りましょう。

2 ①――の後の少年の様子や心の中の言葉に注目しましょう。少年はどきどきして、目の手術をアツシがどうとらえているのかは訊《き》けずにいますが、目の手術が失敗することを考えて、アツシがその前に海を見たがっているのではないかと考えているのです。

3 ②――の直後の二文から読み取りましょう。

4 情景には、登場人物の心情が重ねられていることがあります。「～風景は、揺《ゆ》れながらゆがんでいた」という表現から、少年の不安な気持ちが感じられます。

12 文学的文章 心情 練習 26・27ページ

1 (1) くたびれる・帰ってくる

(2) 例 家族の顔が見たいから。

2 ア

3 ウ

4 イ

解説

1 (1) ①――の前後の、夫と家族とのやり取りをよく読みましょう。海外出張から帰ってすぐに北海道に行かなくてはならないのに「いったん家に帰ってくる」と言う夫に対して、「身体《からだ》がくたびれるから羽田《はねだ》か都内のホテルに泊《と》まった方が楽でいい」と思っている家族は、「ばっかみたい」と言っています。

(2) 夫は、いったん家に帰ってくる理由として、「俺《おれ》はお前たちの顔を見たいんだよッ」と言っています。

2 後に「あたたかい響《ひび》きだった」とあるので、[　]には、「あたたかい響き」をたとえる表現が入ります。

3 「私《わたし》」が思い出したことは、②――の後に書かれています。

4 家族の顔が見たいから家に帰ることに「なんか文句あるかッ」と言った夫に、息子《むすこ》と娘《むすめ》は、〃ある訳《わけ》がない〃と言い、「みんな真っ赤」になっています。これらの言葉や様子から、家族が夫の愛情を受け止め、照れながらもうれしく思っていることが分かります。

13 文学的文章 心情 練習

28・29ページ

1 イ

2 (1) 例 自分のチームに欲《ほ》しい人間を交互《こうご》に取っていくやり方。

(2) 例 いつも最後まで名前を言われないので、落《お》ち込《こ》む気持ち。

3 ア　4 例 球が飛んでこないことを願う気持ち。

解説

1 隼人《はやと》について説明している、最初のまとまりに注目しましょう。「説得して歩く、穏健《おんけん》なクラスのリーダー」とあります。

2 (1) ①――の直後の文に注目しましょう。

(2) ①――の後から隼人の気持ちが分かる部分を探《さが》すと、「野球をする前にすっかり落《お》ち込《こ》む」「へこむ」という表現が見つかります。落ち込む理由である、「隼人はいつも最後まで名前を言われない」を入れてまとめます。

3 ②――の前で、隼人は、同じチームで野球が上手《うま》い龍平《りゅうへい》から、「九番でセンター」「球きたら、直接ささなくていい」と指示されています。自分が全く期待されていないことを感じて、惨《みじ》めな気分になっていると読み取れます。

4 ③――の直後の隼人の心の中の言葉から読み取りましょう。「神様、どうか球が飛んで来ませんように」と願っています。

14 文学的文章 心情 応用

30・31ページ

1 リュックを　2 どうだっていい・投げやり

3 例 塀《へい》を超えたら異次元《いじげん》かもしれないという空想。

4 ア

5 例 桜のはかなさ、香り、幹の強さすべてに心をうばわれ、打ちのめされる気持ち。

解説

1 塀《へい》の外から塀の中へ場所が変わるので、「僕《ぼく》」が塀の内側に入ったことが書かれているまとまりからが後半になります。

2 ①――の直前に「そんな投げやりな気分」とあります。「そんな」が指している前のまとまりの内容を入れてまとめましょう。

3 ②――の直前の「僕」の心の中の言葉から読み取りましょう。

4 「僕」が、□のようになった理由は、塀の中の光景が「ある意味で異次元《いじげん》だったから」です。予想と大きくちがう光景が広がっていたと読み取れるので、「非常におどろいて、はっとする」という意味の「息を呑《の》む」が当てはまります。

5 ③――の後から、「僕」の気持ちを読み取りましょう。「指の先までこわばらせて、～見入っていた」「すべてに打ちのめされた」から、桜を見てしょうげきを受け、心をうばわれていることが分かります。

15 論理《ろんり》的文章 事実と意見 基本 32・33ページ

1 (1) 目立つ野生動物
(2) 目立たない生き物
2 長いくちばし・静止・蜜《みつ》
3 8
4 ア

解説

1 (1)「わかりやすい動物たち」も内容は合っていますが、字数が合いません。
(2)「ふだん人間が……雑草のようなもの」を八字で言いかえている表現を探《さが》します。

2 直前に「だから」とあることに注目して、前の部分から風蘭《ふうらん》とスズメガの関係を読み取ります。

3 第8段落《だんらく》の最初に「つまり」とあるように、この段落で筆者は、ここまでに述べられた内容をまとめ、意見を述べています。

4 風蘭とスズメガの関係をもとに、最後の二つの段落で、地球の生物が関連し合っているということが述べられています。

16 論理《ろんり》的文章 事実と意見 練習 34・35ページ

1 日本人は自
2 それは、そ
3 (1) アメリカ人 イ 日本人 エ
(2) アメリカ人 ア 日本人 ウ
4 例日本人が自己《じこ》主張が苦手なのは当然であり、その代わりに日本人は相手の意向や気持ちを汲《く》み取《と》ることができる。

解説

2 直後の一文にある「～からだ」という言葉に注目しましょう。

3 「アメリカ人」は第四段落《だんらく》、日本人は第六段落に、コミュニケーションの最も重要な役割《やくわり》が述べられています。「自己《じこ》主張」については、「自己主張」という言葉に注目しながら、「アメリカ人」と「日本人」のちがいを読み取りましょう。

4 第一段落に、日本人が自己主張が苦手であるのには理由があり、また、それは悪いことではないと述べられています。それは第三段落にあるように、「自己」のあり方がアメリカ人とは違《ちが》っているためです。

17 論理的《ろんり》文章
事実と意見

応用

36〜38ページ

1 3
2 イ
3 (1) 例出された結論《けつろん》に対して、居合わせた全員で責任を共有するもの。
(2) 腹芸《はらげい》
4 ア
5 A イ　C エ
6 空っぽ
7 信号というルール・事故・一定のルール・ケンカ
8 例「暗黙《あんもく》のコミュニケーション」は、自分の意見を言葉や行為《こうい》に出さずに済《す》むので楽だし、意見の衝突《しょうとつ》を防げるのはよいと思うが、曖昧《あいまい》さなどのマイナス面もあるので、人とコミュニケーションをとるときは気をつけたい。

解説

1 1・2の段落《だんらく》では、日本の会議の様子が説明されています。

2 直前の段落から、代名詞《だいめいし》などを用いた、参加者にしか通じないやりとりがされていることが読み取れます。

3 (2) 直後の段落に、「これも腹芸《はらげい》の一種だろう」とあります。

4 直後の段落で、「誤解《ごかい》を招く危険《きけん》性の高さ。責任の所在を明らかにしない曖昧《あいまい》さ。」を「そうしたマイナス面」と述べていることに注目しましょう。

5 A 直前の段落では日本のコミュニケーションは「わかりにくい」とあるが、直後では「非常に高度」だとあるので、「しかし」が入ります。
C 直前の「意味の交差点」についての説明を受けて、直後で「意味の交差点」に「空っぽの空間」があった場合のことが述べられているので、「では」が入ります。

7 コミュニケーションにおいても、道路の交差点と同じように、ルールに従《したが》っているということを述べています。

8 この文章では、「暗黙《あんもく》のコミュニケーション」である日本のコミュニケーションは、4の段落以降《いこう》で、マイナス面もあるものの、高度で、効率性があると説明されていました。

18 論理《ろんり》的文章 事実と意見

応用 39〜41ページ

1 眉毛《まゆげ》を上げて・賛成してしまう〈説得されてしまう〉
2 ア
3 イ
4 イ
5 C エ D イ
6 (1) 例 視線《しせん》は下に下げ、目上の人の目を見ない。
(2) 例 反抗《はんこう》の気持ち。
(3) 例 話をきちんと聞いていないという意味。
(4) ウ
7 例 言葉以外にも、目などの表情によっても相手に自分の感情が伝わることがわかったので、コミュニケーションのときには表情にも気を配ろうと思う。

解説

1 直後に「眉毛《まゆげ》を上げる」効果を説明しています。

2 「目は口ほどにものを言う」は、目つきは言葉と同じくらい気持ちを表すという意味です。「目には目を歯には歯を」は受けた害に相応の仕返しをする、「目から鼻にぬける」は、頭の回転が速いことです。

3 後に、モナリザの「不思議な微笑《びしょう》」の不思議さは、眉毛が見えないことも関係しているのではないかと述べられています。

4 モナリザの絵で眉毛が果たしている役割《やくわり》から、筆者は目などの表情が感情を伝えるのに役立つと考えています。

5 C 直前の「アイコンタクト」の意味が文化によって違《ちが》うということを、後で具体例を挙げて説明しているので、「たとえば」が入ります。
D 前で、日本では怒《おこ》られているときは相手の目を見ないという内容に対して、面接のときは相手の目を時々見たほうがよいという条件を付け加えているので、「ただし」が入ります。

6 (2)(3) 同じ怒られるという場面でも、日本とイギリスでは視線《しせん》の意味が違っています。

7 目などの表情が相手に感情を伝えるという文章の内容をおさえたうえで、自分の考えや思いを説明しましょう。

19 論理《ろんり》的文章 段落《だんらく》の内容 基本 42・43ページ

❶ ウ

❷ 文・意味合い・ニュアンス
※「意味合い」と「ニュアンス」は順序がちがっても正解。

❸ イ

❹ 文章を書く・前後関係

❺ 例文章を読むときにも、前後関係を意識して読むことが大切である。

解説

❶ 1～3の段落《だんらく》ではいずれも「読解力」について述べていて、3の段落でその内容をまとめています。

❷ 直後の段落で、言葉がつながって文になること、つながり方によって意味合いやニュアンスが変わることが説明されています。

❸ 言葉はつながって文になることで意味になるという直前の内容に、つながり方によって意味合いやニュアンスが変わるという内容を付け加えているので、「さらに」が入ります。

❹ 「文章を書く」ことについて、「前後関係」を考えることが大切だということが述べられています。

❺ 「文章を読む」ことについても、「前後関係」を考えることが大切だということが述べられています。

20 論理《ろんり》的文章 段落《だんらく》の内容 練習 44・45ページ

❶ (1) 3 (2) 直径約一〇センチメートル以下

❷ A ウ B オ

❸ 上へ伸《の》びる成長力・強く巻《ま》きつく力・下向き・細く短い毛

❹ イ

解説

❶ (1) 3の段落《だんらく》までは、ツルが巻《ま》きつくものの太さについて述べられています。
(2) 3の段落に「ツルが棒《ぼう》を巻《ま》き込《こ》める棒の太さは……」とあります。

❷ A 直前の段落の内容から導ける内容が後で述べられているので、「そのため」が入ります。
B 前の段落ではツルが巻きつける「細い」もの、直後には巻きつくことのできない「太い」棒について述べられているので、「しかし」が入ります。

❸ 5～7の段落で、ツルがずり落ちない理由が三つ挙げられています。

❹ 5・6の段落で述べられている「上へ伸《の》びる成長力」「強く巻きつく力」とは別のツルがずり落ちない理由が、7の段落で述べられています。

21 論理《ろんり》的文章 段落《だんらく》の内容

応用 46・47ページ

1 例 クレーター状の窪地《くぼち》が大規模《だいきぼ》な爆発《ばくはつ》とともに出現していること。

2 ア

3 容器の底・貯水する・土壌《どじょう》に水分を供給《きょうきゅう》する

4 A エ　B イ

5 例 永久凍土《とうど》の融解《ゆうかい》が近年急速に進んでいるのは、針《しん》葉樹《ようじゅ》が大量に伐採《ばっさい》されていることと、地球温暖《おんだん》化《か》が要因だということ。

解説

1 ①——の直前の「この地」はシベリアを指しています。

2 2の段落《だんらく》内ではシベリアの降水《こうすい》量が少ないということが述べられ、次の段落で「それでも……おかげです」と述べられています。

3 直後の「ひとつは」「もうひとつは」という言葉に注目します。

4 A 直前の段落で永久凍土の2つの機能について述べられ、直後で永久凍土《とうど》が融解《ゆうかい》しているとあるので、「ところが」が入ります。

B 直前の段落で永久凍土が融解する2つの要因のうちのひとつめ、直後でもうひとつが述べられています。

5 4・5の段落それぞれから、永久凍土が融解する2つの要因をまとめます。

22 文学的文章 場面・心情の変化

基本 48・49ページ

1 例 パリにあるフランス料理の本校に行くつもりだ

2 イ・ウ

3 強い絆《きずな》・一方的・捨《す》てられた

4 ウ

解説

1 ママは、パパの「きみ、まさか行くつもりじゃないよね」という言葉に対して、「そのまさかよ」と答えているので、ママが「行くつもり」だと分かります。どこに行くつもりかは、その前のまとまりから読み取りましょう。

2 ②——の前の「わたし」の言葉に注目しましょう。自分も行くのだと思った「わたし」は、ママを止めるために、「転校するのなんていや」「言葉なんかわかるわけない」と言っています。

3 ③——の後に注目しましょう。ママと自分は「強い絆《きずな》で結ばれている」と思っていたのに、フランスへ行くという「一方的な通告」をされて、「捨《す》てられたも同然」と感じています。

4 最初にママからフランスに行くと告げられた「わたし」は、「ママ！」と声をあげており、突然《とつぜん》のことにおどろく気持ちが読み取れます。その後、ママだけが行くと知って涙《なみだ》があふれそうになっている様子からは、ママと別れることへの悲しみが感じられます。さらに「あたしはぜったいみとめない」と言った「わたし」は、「猛烈《もうれつ》に腹《はら》がたってきた」とあります。

23 文学的文章 場面・心情の変化 練習 50・51ページ

1 物騒《ぶっそう》・電気料金・母親

2 例ピーコが元気そうでほっとする気持ち。

3 ピーコがやけに静かなことに気がついた

4 ウ→ア→エ

解説

1 ①——、②——で始まるそれぞれのまとまりから、状況《じょうきょう》と、それに対する美月《みづき》の考えを読み取りましょう。

2 ③——の前の美月の心の中の言葉に注目します。うれしそうに飛び回るピーコを見て、「よかった。元気そうで」と思っています。また、③——の直前に、「ほっとした美月」とあるので、〝ピーコが元気そうでほっとする気持ち〟などとまとめましょう。

3 ④——の前に注目します。美月がかごの掃除《そうじ》をしている間、いつもならじゃまをしてくるピーコが、やけに静かなことに気がついて、ピーコがいないのではと思い、顔から血の気が引いたのです。

4 ⑤——の後の、美月の様子や行動、言葉から気持ちの変化をとらえましょう。初めは、ピーコが台所の窓《まど》から出てしまったと思い、力がぬけて床《ゆか》に座《すわ》りこんでしまいます(→ウ)。しかし、「こうしちゃいられない」と立ちあがり、ピーコをさがしに外に出ていきます(→ア)。そして、鳴き声が聞こえるかと期待して「ピーコ!」とよんでいます(→エ)。

24 文学的文章 場面・心情の変化 応用 52・53ページ

1 例小さなおりたたみ傘《がさ》が落ちたこと。

2 (1) 無視《むし》・悪意　(2) 例耳がよくきこえないから。

3 どんよりと

4 例おにいさんに感謝されたことで、明るく変化した。

解説

2 (1) ミオの気持ちは、②——の後で、「わざと無視《むし》しているとしか考えられなかった」「世界がどんな悪意をもっていようとかまわない」などと示されています。

(2) おにいさんがふりかえらなかった理由は、「それでやっと事情がのみこめた」の後に書かれています。

3 それまでミオは、世界が自分に悪意をもっているように感じています。しかし、おにいさんが「ありがとう」を伝えてくれたとき、「どんよりとした雨雲がきれ、～あちらこちらで光を散らした」と、暗かった情景が明るく変化しています。この部分がミオの気持ちの変化に重ねられていると読み取れます。

4 ミオは、おにいさんがわざとミオを無視していたのではないと気づき、おにいさんが手の平に「ありがとう」と書いてくれて、「奇跡《きせき》のように世界が変わる」と感じ、「ほほえもう」としています。世界を敵《てき》のように感じていたミオは、おにいさんの行動によって、世界を前向きな気持ちでとらえられるようになったのです。

25 文学的文章 全体像 基本 54・55ページ

① 例 黒板アートを見るため。
② 輝《てる》はじっくりとその絵を観察した
③ ア
④ イ

解説

① ――の後の、輝《てる》と葉麗華《ようれいか》とのやり取りに注目しましょう。輝の「何ごとだよ?」という言葉に、麗華が「黒板アート」と答えているので、「人だかり」は、「黒板アート」を見るためにできていると分かります。

② 輝が絵を見に行っている、(中略)以降《いこう》の場面に注目しましょう。輝が、その絵に興味をもっていることは、「じっくりとその絵を観察した」という行動に表れています。字数に合うように、「輝は」から書きぬきます。

③ 輝が、黒板の絵を見て感じたことは、最後から二番目のまとまりに書かれています。イは、「絵の善《よ》し悪《あ》しがよくわからない自分」があやまりです。ウは、「自分もいつか描《か》いてみたい」と思っていることは読み取れません。

④ この文章では、登校した際に黒板アートがあることを知った主人公の輝が、その後、一人で絵を見に行き、その絵に釘付《くぎづ》けになっている様子が書かれています。文章を通して、黒板アートに心をうばわれている輝の姿《すがた》が中心に描《えが》かれています。

26 文学的文章 全体像 練習 56・57ページ

① ウ
② 一次審査《しんさ》も通らなかった
③ 夢見・変わり者
④ 才能・努力・無駄《むだ》
⑤ イ

解説

① ①――の前から読み取りましょう。童話大賞に応募《おうぼ》した「私《わたし》」は、大賞をもらう場面を想像したり、努力賞をもらうことを期待したりして、「にやついて」います。

② 審査《しんさ》の結果については、「だけど、結果は惨敗《ざんぱい》」で始まるまとまりから読み取りましょう。

③ ②――に続く部分に注目して、「私」が童話を書くことをどのようにとらえているかを読み取りましょう。

④ 「私」は、審査の結果を受けて、「多少でも文章を書く〜通ったんじゃないだろうか」と考え、「ダメなものは、ずっとダメ」「努力したって無駄《むだ》なことっていうのはきっとある」と思っています。

⑤ 童話大賞に落ちた「私」は、落ちこんで学校を休み、その後も、「努力したって無駄」なのではないかと考えています。文章を通して、童話を書くという夢を追っていいのか迷う、主人公のすがたがえがかれています。

❶ ウ
❷ ア
❸ 自分以外はみんな敵《てき》・一緒《いっしょ》に強くなろう
❹ 例ライバルとともに、勝ったり負けたりをくりかえしながら、一緒に強くなっていきたいと思う気持ち。
❺ (1) 奨励会《しょうれいかい》・プロ
(2) どれほど苦しい道でも、絶対にやりぬいてみせる
❻ 例どんなに困難《こんなん》でも、ライバルとともに強くなって、プロ棋士《きし》になることをちかう「ぼく」の姿《すがた》。

解説

❶ 直後の一文から気持ちを考えましょう。「呆然《ぼうぜん》」とは、予想しないことが起こり、あっけにとられる様子を表します。

❷ 「キツネにつままれる」とは、意外なことが起こって、わけが分からず、ぽかんとすることを表します。

❸ ③——の前後に注目しましょう。「一緒《いっしょ》に強くなろうよ」と言った「ぼく」に対して、山沢《やまさわ》君は、「将棋《しょうぎ》では、自分以外はみんな敵《てき》なんだ」と言っています。

❹ ④——の前後からとらえましょう。「ぼく」は山沢君に、「一緒に強くなろう」「盤《ばん》を離《はな》れたら、〜ライバルでいい」と言い、そのライバルたちと、「勝ったり負けたりをくりかえしながら、一緒に強くなっていけばいい」と思っています。

❺ (1) 「それ」の内容は、すぐ前の文から読み取りましょう。
(2) ⑤——をふくむまとまりの最後の一文に、「(それが)どれほど苦しい〜やりぬいてみせる」とあります。

❻ 先生に認《みと》めてもらえていると知った「ぼく」は、山沢君と話しながら、ライバルと一緒に強くなっていきたいと感じ、奨励会《しょうれいかい》に入ってプロ棋士《きし》になることを、どんなに困難《こんなん》でも必ずやりぬくと決意しています。この内容を、指定された言葉を使ってまとめましょう。

28 文学的文章 全体像 応用

61〜63ページ

❶ それが昨夜

❷ イ

❸ その瞬間《しゅんかん》、

❹ 例 明日、自転車に乗ってみて、楽しければ乗り続け、楽しくなければ乗るのをやめること。

❺ (1) ウ
(2) 最高・楽しい

❻ 例 自転車に乗る喜びを感じ、自転車に乗り続けるという自分の進む道を見出《みいだ》した主人公の姿《すがた》。

解説

❶ 文章の前半は、洋《ひろし》が夜、風呂《ふろ》に入っている場面、後半は、次の朝、自転車に乗って出かける場面です。場面が変わる部分を探《さが》すと、「それが昨夜だ」という表現が見つかります。ここからが、朝の場面です。

❷ ①――の前後から気持ちを読み取りましょう。洋は、「自分で自分のコントロールができなくなって」いて、「気持ちが悪くて仕方がない」と感じており、それを「なんとかしないと」と思っています。

❸ 悩《なや》んでいた洋の心情は、「馬鹿馬鹿しい。〜悩むことなどないのに」の部分で変化が読み取れます。直前の「その瞬間《しゅんかん》、体の中にあったつっかえ棒《ぼう》が折れた感じがした。〜伝わってくるようだった」に注目します。「つっかえ棒が折れた」は、悩みがふっきれた様子をたとえていると読み取れるので、この部分をぬき出します。

❹ 風呂に入っている洋の心情が変化して、どのような決意をしたかは、悩みがふっきれた、「悩むことなどないのに」の後から読み取りましょう。自転車に乗ることについて、「楽しければ、乗り続ければいいし、楽しくなければ、下りればいい」と考えています。

❺ (1) 自分の体を、動力のもととしてとらえていることから、余計なことは考えずに自転車に乗ることだけに集中している様子が読み取れます。

❻ 主人公の洋は、文章の前半で悩みながら自転車に乗ってみることを決意し、後半では自転車に乗る喜びを感じています。文章を通して、悩みながらも、自転車に乗る喜びを感じ、自転車に乗り続けるという自分の道を見出《みいだ》した主人公の姿《すがた》がえがかれています。

29 論理《ろんり》的文章 文章の構成

基本 64・65ページ

① ー
② 物事・価値観《かちかん》・仕組み・世代
③ イ
④ 筆者の主張…[1]・[2]
主張の説明…[3]・[4]・[5]
まとめ…[6]

解説

① [2]の段落《だんらく》で「サステイナビリティをこのようにとらえ直し、再定義」すると述べています。この「このように」が、[1]の段落の内容を指しています。

② 「まもる」は[3]の段落、「つくる」は[4]の段落、「つながる」は[5]の段落で説明されています。段落ごとに話題が変わっていることに注目しましょう。

③ [6]の段落で、サステイナビリティを「まもる・つくる・つながる」ととらえると「社会に広く浸透《しんとう》しやすくなる」と述べています。

④ [1]の段落でサステイナビリティを再定義して、[2]の段落で新しい和訳《わやく》を示しています。これが筆者の主張です。②で解説したように、[3]〜[5]の段落で「まもる」「つくる」「つながる」についてくわしく説明し、[6]の段落で主張をまとめています。

30 論理《ろんり》的文章 文章の構成

練習 66・67ページ

① クセ・脳《のう》
② 脳活動のパターン〈脳の活動パターン〉
③ ウ
④ [例]生まれてからずっと自己流《じこりゅう》で脳を使っている
⑤ ア

解説

① 「これ」とあるので、前の文章から答えを探《さが》します。[2]の段落《だんらく》〜直前の文章を指しています。

② [4]の段落で、フィン博士らの研究について具体的に説明しています。

③ [5]の段落はじめの「まるで指紋《しもん》のように」という言葉をヒントにします。脳《のう》の活動パターンを指紋にたとえているので、「脳紋《のうもん》」が正解です。

④ [7]の段落で、脳の個人差について説明しています。[7]の段落最後の「だから、〜個人差が出やすいのでしょう。」に注目します。

⑤ [1]・[2]の段落では、この文章での話題を示しています。[2]の段落が読者への問いかけになっていることに注目しましょう。[3]〜[6]の段落では、脳の活動パターンについてくわしく説明しています。最後の[7]の段落で、脳に個人差が出やすい理由について筆者の意見を述べて、まとめています。

31 論理《ろんり》的文章 文章の構成

応用 68・69ページ

❶ イ　❷ 言葉〈言語〉・文化

❸ 話題の提示と問いかけ…1

具体例…2・3・4

問いの答えとまとめ…5

❹ 例 私《わたし》は将来《しょうらい》、いろいろな国の人といっしょに働く仕事がしたいと考えている。そのため、共通語として英語を学びたい。

解説

❶ 英語について、「汎用性《はんようせい》が高い言語」や「母語ではない言語」と説明しています。

❷ 5の段落《だんらく》に、この例を通して筆者が伝えたいことがまとめられています。「このように」という言葉が、例を指していることに注目しましょう。

❸ 1の段落の最後で、「もう外国語を学ぶ意義はなくなるのでしょうか」と問いかけています。2〜4の段落では、筆者自身が心がけていることや友人とのかかわりから感じたことを具体的に述べています。この経験を踏《ふ》まえて、5の段落では、問いの答えとして、外国語を学ぶことの意義を主張してまとめています。

❹ 筆者の主張や、自分自身の経験から考えたことを書きましょう。

---

32 論理《ろんり》的文章 複数の文章の読み取り

基本 70・71ページ

❶ 「私《わたし》」の視点《してん》

❷ a 体験　b 感じた

❸ ア

❹ ウ

解説

❶ 【文章】の第一段落《だんらく》で、文章には「『私《わたし》』の視点《してん》で書くものと、客観的な視点で書くもの」があると説明しています。そのうえで、紀行文やエッセイは「前者」であると述べているため、「『私』の視点で書くもの」であることが分かります。

❷ a は第一段落、b は第三段落から書きぬきます。言葉のつながりに注意しましょう。

❸ 文章の中で「『私』の視点」と「客観的な視点」が混じっている例を考えます。アは、「客観的な視点」で書かれた文章（道具の使い方の説明）の中に、「『私』の視点」（書き手の気持ち）が混じっている例です。イとウは、【文章】で説明されている視点とは関係がありません。

❹ 文章の中で「『私』の視点」と「客観的な視点」が入り混じってしまうことを防ぎ、文章を読みやすくするための方法を示す言葉です。

33 論理的《ろんり》文章 複数の文章の読み取り 練習 72・73ページ

1 すばらしい　2 A 月　B 蛍《ほたる》　C 雨
3 イ
4 日本語の美しさ・感性の鋭《するど》さと気のつよさ
5 具体的・列挙・自分の世界

解説

1 【文章1】〈原文〉は、季節ごとに作者がすてきだと感じる時間帯について つづった文章です。【文章1】〈現代語訳《やく》〉の初めには、「春は明け方がすばらしい」とあります。

2 【文章1】〈現代語訳〉で使われている言葉が、【文章1】〈原文〉のどの言葉に当たるのかを確認《かくにん》しながら読みましょう。

3 【文章2】の筆者は、「日本語の美しさ」を感じる表現の例として、「紫《むらさき》だちたる雲のほそくたなびきたる」を挙げたうえで、「音のリズムもいい」と述べています。

4 【文章2】の第一段落《だんらく》に、「魅力《みりょく》のひみつは、二つある」とあります。「一つは」「もう一つは」という言葉に注目し、二つの魅力を言い表している言葉を探《さが》しましょう。

5 【文章2】の最後の段落で、【文章2】の筆者は、清少納言《せいしょうなごん》の「具体的なものを列挙していく書き方」に対して、「自分の世界を相手に知らせる」効果を生み出していると評価しています。

34 論理的《ろんり》文章 複数の文章の読み取り 練習 74・75ページ

1 自分の器《うつわ》・自分以外の人・違《ちが》う意見
2 イ
3 【文章1】…イ　【文章2】…エ
4 変化

解説

1 「入力と出力を繰《く》り返《かえ》す」という言葉の前に「このように」とあるため、まずは直前の文章を確認《かくにん》しましょう。また、「入力」という言葉は、コンピューターなどに情報を入れることを表します。「出力」は、その逆の意味で、情報を外に出すことを表します。

2 直後に「そうではありません」と、前に述べたことを打ち消しているため、「しかし」が入ります。

3 【文章1】は、「歴史観というものは」という言葉から始まります。また、第三段落《だんらく》に「みなさんは、まず」とあることから、これから歴史観を持とうという人に向けて書かれた文章であることが分かります。【文章2】は、第一段落で「歴史とは何か、という問い」を考えることが「歴史を勉強するということ」をより深めていくと述べています。

4 【文章1】第七段落で「歴史観は変わるものだ」とあり、【文章2】第三段落では、歴史は「つねに変化しているものだ」と述べられています。それぞれの文章から、筆者の主張をとらえましょう。

35 論理《ろんり》的文章

複数の文章の読み取り

応用

76〜78ページ

❶ イ

❷ A 五〜七人
B 全体
C 意見
D 五〜七人

❸ 集団・動かして

❹ ウ

❺ 効率・緊急《きんきゅう》・政治

❻ 例 学級で、発言のしかたや順番のルールを決めてから話し合いをしたところ、スムーズに話し合いが進んだ。この経験から、意見を述べるときのルールをしっかりと作ることが大切だと考える。

解説

❶ 前後の文章をよく読んで考えましょう。□の前では、「なるべく多くのひとの意見を広く聞くことが大事」と述べられています。一方、後では、「緊急時《きんきゅうじ》はどうでしょう?」という問いかけがあり、「たくさんのひとたちで話し合っても効率がよくありません」と述べられています。□の前後で逆のことが述べられているため、接続語「でも」が正解です。

❷ 【文章Ⅰ】第三段落《だんらく》の内容を表にまとめます。第三段落では、「まず五〜七人までの中心となるグループを作り」、その下に「さらに五〜七人ずつのグループを作」ると述べられています。よって、AとDには「五〜七人」が入ります。「そして、グループごとにまとめた意見を持って」と述べられているため、Cには「意見」が入ります。「中心グループが集まり、全体の意見を調整する」と述べられているため、Bに「全体」が入ります。

❸ 「これ」などの指示語の内容を問う問題では、まずは直前の文章に注目しましょう。ここでは、「政治の前提となる集団ができたら、次は上手に集団を動かして」いくことを指しています。

❺ 【文章Ⅰ】と【文章2】が、どちらも集団でものごとを決める方法について述べている文章であることをとらえましょう。そのうえで、【文章Ⅰ】【文章2】に共通しているのは、「効率」よくものごとを決める方法を読者に提案している点です。しかし、【文章Ⅰ】と【文章2】では、「効率」よくものごとを決めようとする理由がちがっています。【文章Ⅰ】は、「災害に対応するときのように、とても急がなければならない」「緊急時」を想定しています。一方で、【文章2】では、「決める」ことが「政治にたずさわる人間の大事な仕事」であると述べているため、「政治」においてものごとを決める場面を想定していることが読み取れます。

❻ あなたがこれまで経験してきた、集団での話し合いやものごとを決める場面をふり返りながら、自分の考えを書けていれば正解です。

❶ 本・暮《く》らしているここ
❷ 知っている以外・知ること
❸ 例一冊《いっさつ》の本にできるだけ時間をかけ、ゆっくりと読むこと。
❹ ア
❺ ウ
❻ 例本を読むことのよさは、自分がこれまで知らなかった世界に出会い、好きなことが増えていくことにあると思う。私《わたし》自身も、小さいころに読んだ本がきっかけで動物に興味を持ち、今でも動物が大好きだからだ。

解説

❶ 第二段落《だんらく》から書きぬきます。「逃《に》げ場所」とは、どこから「逃げ」ることを指しているのかを考えましょう。「『今ここ』以外に自在にいきできること」という表現から、筆者は、本を読むことで、「今ここ」以外の世界に行くことができると述べていることが分かります。この「今ここ」を言いかえた言葉で、解答らんの字数に合うのは、「今暮《く》らしているここ」です。

❷ 筆者が「旅」という言葉を使っているのは第三段落です。しかし、第三段落の内容をふまえて、「旅」と「本を読むこと」に共通する「効用」について述べているのは第四段落です。第四段落の内容をまとめた文になるように、合う言葉を書きぬきましょう。

❸ 「スロー・リーディング」という言葉の意味について筆者が説明している部分を探《さが》します。【文章2】の最初で、「『スロー・リーディング』とは、一冊《いっさつ》の本にできるだけ時間をかけ、ゆっくりと読むことである。」という一文があり、これが「スロー・リーディング」という言葉の説明です。例のように、この一文の内容をまとめて書けていれば正解です。

❹ 【文章2】が、二種類の読書のしかたについて、旅行にたとえながら説明する構成になっていることをとらえましょう。「速読」は、「出張で訪《おとず》れた町を、空き時間のほんの一、二時間でザっと見て回る」旅にたとえられており、「スロー・リーディング」は、「一週間滞在《たいざい》して、地図を片手《かたて》に、丹念《たんねん》に歩いて回る」旅にたとえられています。そのうえで、筆者は、スロー・リーダーが「本の中の様々な仕掛《しか》けや、意味深い一節、絶妙《ぜつみょう》な表現などを」楽しむことができると述べ、速読はそれらを「みんな見落としてしまっている」ために「単に読んだという事実だけ」が残ると述べています。この点でスロー・リーディングが「得をする読書」であると説明しているため、アが正解です。

❺ 【文章1】と【文章2】の共通点は、本を読むことと旅を重ね合わせながら筆者の考えを説明している点です。そのため、ウが正解です。

❻ あなたが思う本を読むことのよさと、その理由について書けていれば正解です。あなたにとって、本を読むとどのようなよいことがあるかを考えてみましょう。

37 文学的文章 筆者の考え―随筆《ずいひつ》 基本 82・83ページ

❶ 帰ってくる・新横浜駅《しんよこはまえき》・迎《むか》え
❷ ウ
❸ ア・ウ
❹ 待っていてくれる人・ありがたい

解説

❶ ①――に続く部分に注目して読み取りましょう。

❷ 「新横浜駅《しんよこはまえき》で新幹線から下車した乗客は、～改札の『むこう側』にいる人々の姿《すがた》を見る」とあるので、②――の人々は、「新幹線から下車した乗客」が見る人々です。また、「改札の『むこう側』にいる娘《むすめ》たち」などの表現から、「改札の『むこう側』にいる人々」は、電車から降《お》りてくる乗客を迎《むか》えに来て待っている人々だと分かります。

❸ 「人待ち顔を隠《かく》そうともせずに改札の『むこう側』に佇《たたず》んでいる数多くの人々を階段《かいだん》の上から見ていると、～私《わたし》は考えてしまうのだ」とある文から読み取りましょう。

❹ ③――の前の文に「と実感する」とあるのに注目して、筆者が実感していることを読み取りましょう。

38 文学的文章 筆者の考え―随筆《ずいひつ》 練習 84・85ページ

❶ カッコよくない彼《かれ》
❷ 三・佐佐木幸綱《ささきゆきつな》・歌集〈短歌〉
❸ 例 佐佐木幸綱に近づきたくて、短歌を作りはじめたから。
❹ 単純《たんじゅん》なこと
❺ 大切・生かして・あらわれる

解説

❶ 筆者は二つ目のまとまりで、短歌を選んだ自分に向けられる「なぜ」を、「ちっともカッコよくない彼《かれ》に惚《ほ》れこんでしまった女へ向けられる『なぜ』にも似ている」と言っています。

❷ 「出会いは、いとも単純《たんじゅん》」で始まるまとまりから読み取りましょう。

❸ ①――の直後の文に、理由が書かれています。

❹ 筆者が自分の体験をふまえて考えを述べている最後のまとまりの、「出会いと動機は、」に続く部分からとらえましょう。

❺ 自分の体験をふまえた筆者の考えは、最後のまとまりにまとめられています。□の前後に注意して、当てはまる言葉をとらえましょう。

39 文学的文章 筆者の考え―随筆《ずいひつ》 応用 86・87ページ

❶ 例世界は「ここ」だけではなく、途方《とほう》もなく広いらしいということ。
❷ 内側・外側・知らない
❸ ウ
❹ 例自分の世界を大きく広げてくれるもの。

解説

❶ ①――の直前から読み取りましょう。
❷ ②――の前のまとまりの「～総動員して私《わたし》にささやきかけたのだと思う」に注目しましょう。そのあとに、どのようにささやきかけたのかが書かれています。
❸ 旅をすることについての筆者の考えがまとめられている最後の三文に、「実際に自分で出向いていき、～知るしかない」「旅をしたいと思うとき、いつも、本当にそこに世界があるのかどうか、知りたいだけ」とあることから考えましょう。
❹ 筆者は、本当にそこに世界があるのか確かめるために旅をしています。その考えをふまえて、あなたが旅をどんなものだと思うかを書きましょう。

40 文学的文章 言葉を味わう―詩 基本 88・89ページ

1 ❶ イ ❷ 桃《もも》の実
2 ❶ ア
❷ （迷子の）セミ・（さびしそうな）麦わら帽子《ぼうし》・（ぼくの耳にくっついて離《はな》れない）波の音
※順序がちがっても正解。
❸ ア

解説

1 ❶ 第一連と第二連は、同じ組み立てになっています。
❷ 祖母の「合《あわ》せた掌《て》」は、「ように」という言葉を使って、「桃《もも》の実」にたとえられています。
2 ❶ 人ではない「夏休み」について、「いってしまった」と人に見立てて表現しています。
❷ 「夏休みの忘《わす》れもの」は、「忘れものをとりにさ」の後の最後の連に書かれています。
❸ この詩では、第一連で夏休みが過ぎてしまったことが示され、第三連では、もう一度夏休みにもどってきてほしいと呼《よ》びかけています。詩全体を通して、楽しい夏休みが終わった後の切ないさびしさが表現されています。

41 文学的文章 言葉を味わう ―短歌・俳句《はいく》

練習 90・91ページ

1
❶ (1) ③ (2) ② (3) ⑤
❷ 青・白・例悲しさ
❸ すがしといねつたるみたれども

2
❶ ① 季語 すみれ草 季節 春
② 季語 赤蜻蛉《とんぼ》 季節 秋
❷ ところてん・煙《けむり》 ❸ 緑・白・生命力

解説

1
❶ においを感じているのは、「花橘《はなたちばな》の香《か》をかげば」とある③です。音を聞き分けているのは、「くびのすゞ《(ず)》がね」とある②です。⑤は、川面《かわも》を風が波立たせる様子を「川面をなでる風の手のひら」とたとえています。このように、人ではないものを人のように表現する表現方法を、擬人法《ぎじんほう》といいます。
❷ 「空の青」「海のあを《(お)》」と、白鳥の「白」を対比させ、白鳥が何にも染《そ》まらずにただよっていることを哀《かな》しく感じ、自分の悲しさと重ね合わせています。
❸ ④の下の句をふつうの語順にすると、「たるみたれどもすがしといねつ」となります。

2
❷ 「ごとく」は、「～のように」という意味です。

42 文学的文章 言葉を味わう ―詩と鑑賞文《かんしょうぶん》

応用 92・93ページ

❶ 地下・竹の根・地上
❷ 生え ❸ ウ
❹ りんりん
❺ かすか
❻ 例伸《の》びるときも割《わ》れるときも、いきおいのよい竹は、すがすがしいと感じました。

解説

❶ 【観賞文】に、「まずは、土に埋《う》まっている部分から」「地面の下では、竹の根がどんどん生えています」、「後半では、～地上にどんどん伸《の》びていく竹のようすが描《えが》かれています」とあるので、この内容に合う言葉を詩から書きぬきましょう。
❸ Aには、竹の細い根っこを見るときのようすを表す言葉が入ります。
❹ 詩の後半で節について書かれている部分は、「凍《こお》れる節節りんりんと」です。
❺ 地上の竹の立派《りっぱ》な節のようすを表す「りんりん」と対比しているのは、地下の細い根のようすを表す「かすか」です。
❻ 「竹」は、竹がいきおいよく成長していくようすを描《えが》いた詩です。詩の内容や【観賞文】の説明、表現の工夫《くふう》をふまえて、竹について感じたことを書きましょう。

43 文学的文章 言葉を味わう ―落語 応用 94・95ページ

❶ (1) お盆《ぼん》・饅頭《まんじゅう》・枕《まくら》もと
(2) こわがる
❷ 例 こわいと言っていた饅頭をむしゃむしゃ食べている様子。
❸ 例 みんなが饅頭を買ってくるので、饅頭が食べられる
❹ イ

解説

❶ (2) 要約部分に、「松がこわいと言った饅頭《まんじゅう》」とあることをふまえ、饅頭を見た松の様子をのぞいて「アワふいてこわがってやがら……ああいい心持だ」と言っていることから、みんなは松が饅頭をこわがると思って枕《まくら》もとに置いたと分かります。

❷ 「こわいこわいっていいながら、むしゃむしゃうまそうに食ってるよ」などから、松がこわいと言っていたはずの饅頭をむしゃむしゃ食べている様子を見て、このように言ったと分かります。

❸ 松が饅頭をこわいと言ったため、みんなが松をこわがらせようと饅頭を買ってきた結果、松は饅頭を食べることができました。

❹ 饅頭がこわいと言った結果、饅頭を食べられたので、同じように考えると、「濃《こ》いお茶が一杯《いっぱい》こわい」と言えば、濃いお茶が飲めるはずです。そこで松は、濃いお茶が飲みたかったために、このように言ったと考えられます。

44 論理《ろんり》的文章 資料の読み取り 基本 96・97ページ

❶ ア
❷ 一兆六千〈16000〉
❸ 四千億
❹ ① イ ② ア・ウ

解説

❶ 棒《ぼう》グラフの下の部分に注目しましょう。「紙の本や雑誌《ざっし》」の売り上げは二〇一六年で一兆四千億円をこえていましたが、二〇二一年では約一兆二千億円となり、だんだん減っています。

❷ Bには、本の全体の売り上げが最も減った時期の数字が入ります。本全体の売り上げが最も減っているのは、二〇一八年、二〇一九年です。それまではこえていた一兆六千億円を下回っています。

❸ 二〇二一年における電子書籍《しょせき》の売り上げの数字が入ります。グラフで二〇二一年の電子書籍の売り上げを表す部分を見ると、めもり二つ分以上のはばがあることが分かります。めもり一つ分で二千億円なので、めもり二つ分ということは四千億円です。

❹ 直前のやりとりに注目しましょう。紙の本のいいところは、森山《もりやま》さんが、電子書籍のいいところは、田中《たなか》さんと先生がそれぞれ述べています。

45 論理《ろんり》的文章 資料の読み取り 練習 98・99ページ

❶ ヒートアイランド現象・夏の昼間
❷ ア
❸ B 都市部　C 郊外《こうがい》
❹ イ　❺ ア
❻ つくば市・イメージ・冬の夜間

解説

❶ 第一段落《だんらく》に注目しましょう。「『ヒートアイランド現象が起きるのは、夏の昼間』と思っている人がたくさんいます。でも、それはほんとうでしょうか？」と述べられています。

❷ A の前に「つまり」とあるので、それよりも前の部分に注目しましょう。

❸ グラフの赤色の線は都市部の気温、青色の線は郊外《こうがい》の気温を表しています。夜の気温を比べると、赤色の線が上にあるので、都市部の気温が高いことが分かります。

❹ 温度差を表すグラフは右側の目盛《めも》りで見ます。一月の都市部と郊外の気温差を見ると、2℃以上あることが分かります。

❻ 文章では、つくば市の都市部と郊外の気温を観測した結果から、ヒートアイランド現象が、夏の昼間に起こるというイメージとちがって、冬の夜間に起こっていることが説明されています。

46 論理《ろんり》的文章 資料の読み取り 練習 100・101ページ

❶ 北門　❷ ア　❸ エ
❹ 例 うさぎやモルモットにえさをやったり、だっこしたりできる。
❺ 二時五十分
❻ ク
❼ キリン・カンガルー・ニホンザル
※順序がちがっても正解。

解説

❶ ゆうかが、「ペンギンやホッキョクグマは最初に見た」と言っていることから考えましょう。

❷ ゆうかが「レストランを出て、ライオンやレッサーパンダを見て」と言っていることから考えましょう。

❸ 「カバの前」「ゾウも目の前にいる」という言葉から考えましょう。

❺ ゆうかたちは、ふれあい広場の体験が三時から始まるので、その十分前に集まることにしました。

❻ ゆうかは、エの場所からトラを見て、ふれあい広場に行くので、クの場所のトイレを利用すると効率的です。

❼ は虫類館からゾウの場所に行くまでにキリン、ゾウを見た後に、カンガルーとニホンザルの前を通ることになります。

47 論理的文章《ろんり》 資料の読み取り
応用 102・103ページ

❶ △
❷ ② ア ③ イ
❸ A エ B ア
❹ d
❺ (1) 親切・意地悪・好む
(2) 例 生後まもない赤ちゃんが利他的にふるまう人を見抜《みぬ》いている点。

解説

❶ 「利他的」は、他人の利益を考える様子のことであることをふまえて、○△□の説明に注目します。第三段落《だんらく》に「○さんが急な坂道を登ろうとしているところに△さんが現れ、○さんが坂道を登るのを押《お》し上《あ》げてやります」とあります。

❷ △が○を坂の下から押しているのがa、□が○を坂の上からじゃましているのがbです。

❸ △は○を助けていて、□は○をじゃましています。

❺ (1) 赤ちゃんに親切な△、意地悪な□を見せた結果、親切な△を好むことが分かったという研究でした。
(2) 第一段落に注目しましょう。「ヒトが生後早い時期から利他的にふるまう他者を見抜《みぬ》き、好む」とあります。

48 論理的文章《ろんり》 複数の資料の読み取り
基本 104・105ページ

❶ ウ
❷ 工場や道路、住宅《じゅうたく》
❸ 減って〈減少して〉
❹ 七〇〈70・七十〉
❺ (1) 例 農産物の輸出額がのびているから。
(2) 品種改良・栽培《さいばい》・安全性・品質

解説

❶ 耕地面積の変化のグラフから、田が減っていることが分かります。農業で働く人の推移《すいい》のグラフから、65歳《さい》以上の割合《わりあい》が増えていますが、農業で働く65歳以上の人自体は減っています。農産物の輸出額のグラフから、農作物の輸出額が増加していることが分かります。

❸ 農業で働く人の推移のグラフから読み取りましょう。農業で働く人が年々減っていることが分かります。

❹ 二〇二〇年における農業で働く人のうち、65歳以上の人の割合は69・6パーセントです。

❺ (1) 農産物の輸出額のグラフを見て、林田《はやしだ》さんが「どんどんのびていますね」と述べています。
(2) 先生の言葉から書きぬきましょう。

49 論理《ろんり》的文章 複数の資料の読み取り

練習 106・107ページ

1 (1) 中央海嶺
(2) 北アメリカプレート・フィリピン海プレート・ユーラシアプレート
※順序がちがっても正解。

2 例 一年に六センチメートルから八センチメートルの速さ。

3 イ　4 ウ

解説

1 (1) 第三段落に「中央海嶺と書かれた場所がありますね。プレートが生まれるところです」とあります。
(2) 図の中で日本はほぼ真ん中にあります。その近くにあるプレートを考えましょう。

2 第二段落に、プレートがどれくらい「ゆっくりと」動いているかが説明されています。「一年に六センチメートルから八センチメートルずつ、ゆっくり、ゆっくりプレートが動いて」とあります。

3 「ハワイが日本に近づいてきている」とあるので、太平洋の中央海嶺から日本海溝に向かって、プレートが動いていることがわかります。

4 プレートが「一億年以上かけて太平洋を旅し」とは、プレートが動いていることを表しています。その間に、プレートにマリンスノーがふりつもります。

50 論理《ろんり》的文章 複数の資料の読み取り

練習 108・109ページ

1 ア　2 A・C

3 例 勉強する時間がなくなるのではないかということ。

4 例 自由だとおさえがきかなくなってしまうのではないか。

5 C　6 イ

解説

1 記事の中のグラフはインターネットの利用時間についての調査結果なので、利用率については分かりません。

2 A・Cさんは、今の青少年がインターネットのせいで勉強していないのではないかと否定的《ひていてき》な意見をもっています。

4 自由だと問題があるのではないかという反論《はんろん》や、子どもには有害な情報もあるのではないのではないかという反論が考えられます。

5 勉強していないというCさんに対して、インターネットを使って勉強しているという内容の反論をしています。

6 インターネットの利用状況《じょうきょう》のグラフから、勉強にインターネットを利用している青少年が半数をこえていることが分かります。インターネット上のやりとりなので、Eさんに本当に小学生の子どもがいるかは分かりません。また、青少年のインターネット利用時間がのびても問題がないかは、このやりとりだけでは分かりません。

複数の資料の読み取り

❶ 資源《しげん》の節約

❷ お湯・例たくさんの石油を使ってしまう。

(ガラスの)びん

❸ 例捨《す》てなければならない食べ物が増える。

・ごみを少なくする配慮《はいりょ》やリサイクル

・環境《かんきょう》にやさしい製品の購入《こうにゅう》　※順序がちがっても正解。

❹ イ・ア・エ

❺ 例ごみ問題に関心がある人が少ないわけではないので、環境にやさしい製品がどれなのか分かりやすくするような見せ方を工夫《くふう》すれば、リデュースにつながると思います。

解説

❶ 「『リサイクル』の本来の目的にかなうとは」かぎらない例として、第三～五段落《だんらく》の事例が挙げられ、第六段落で「どうすれば資源《しげん》の節約になり、しかも、プラスチックごみで汚《よご》れていない地球でくらすことができるのか」と述べられているので、「リサイクル」の本来の目的が「資源の節約」だと分かります。

❷ 第三段落で挙げられているのは、プラスチック製品をお湯で洗《あら》って捨《す》てることによって、「かえってたくさんの石油を使ってしまうことになる」事例です。第四段落で挙げられているのは、ペットボトルの代わりにガラスのびんを使うことで、「より多くのガソリンを使うこと」になる事例です。第五段落で挙げられているのは、「食べられずに捨てなければならない食べ物が増える」事例です。

❸ グラフのこう目に注目しましょう。

❹ グラフから読み取りましょう。「環境《かんきょう》にやさしい製品の購入《こうにゅう》を心がけている」人の割合《わりあい》は二〇一三年では七十パーセントをこえていますが、二〇二二年では七十パーセントを下回っています。また、「環境にやさしい製品の購入を全く心がけていない」人の割合は二〇一三年では二十パーセント未満でしたが、二〇二二では二十パーセントをこえています。このことから、意識が低くなっているといえます。

❺ 「リデュース」はごみを減らすこと、「リユース」はくり返し使うこと、「リサイクル」は再び資源として利用することを表しています。「3Rに関する意識の変化」のグラフから、「ごみ問題に関心がある」人や「ごみを少なくする配慮《はいりょ》やリサイクルを心がけている」人の割合が決して低くないことが分かります。しかし、「3R」という言葉がそれほど知られていなかったり、「環境にやさしい製品の購入」に対する意識が低くなっていたりします。このようなことから、どのような取り組みが必要なのか考えましょう。

❶ 例 海人《かいと》にたすきをかけるように伝えるため。
❷ イ
❸ ウ
❹ 例 自分も駅伝を走りたかったという思い。
❺ テレビ中継《ちゅうけい》・沿道《えんどう》・湊《みなと》
❻ ア
❼ 例 走る姿《すがた》を見せられず悔《くや》しい気持ちだったが、その気持ちを軽くしてくれた父親に感謝する気持ちになった。

解説

❶ ①——のあとに注目しましょう。湊《みなと》は、海人《かいと》がなかなかたすきをかけないので、沿道《えんどう》を全力で走りながら、海人に「たすきっ、たすきっ」とさけんでいます。

❷ 試合前の海人のテンションが高いので心配になった湊は、海人に「四十番だぞ」と念をおしています。「念をおす」という意味で「□を刺《さ》す」の形の言葉は、「釘《くぎ》を刺す」です。

❸ ②——のあとの部分に注目しましょう。海人が選ばれたときは、疑問《ぎもん》を感じた湊ですが、海人が「まったくびくついて」いなかったので、勢いが大切な駅伝の前半には、「海人のほうが～適している」と思っています。

❹ ③——の前の「でもやっぱ、走りたかったかな」からとらえましょう。

❺ 湊の「テレビに映《うつ》ってたの？」という言葉に父親は、「沿道を誰《だれ》かが走ってきたから、そっちのほうに目が行った」「湊だった」と言っています。父親は、テレビ中継《ちゅうけい》に映る湊の姿《すがた》を見て、電話をしてきたのです。

❻ 父親の「『湊は、昔から注意深いからな』と、誇《ほこ》らしそうな声を出した」「走るよりも大きな仕事をした」などの言葉や様子から、チームの危機《きき》を防いだ湊を誇らしく思っていることが読み取れます。

❼ 父親の言葉を聞く前は、湊は、「走る姿を見せたかった」と悔《くや》しい気持ちでいますが、父親の言葉を聞いて、「ありがとう」と言っています。悔しい気持ちを軽くしてくれた父親に感謝する気持ちでいると読み取れます。

1 平和・自然と存在《そんざい》するもの・大切に守らなくてはならないもの

2 人間の尊厳《そんげん》

3 例 自分が自分らしく生きるための自分の「核《かく》」のようなもの。

4 (1) 私《わたし》にとっ～のです。

(2) チームワーク

5 ア

6 例 私は学校の先生になりたいです。先生たちは話し合ったり、協力したりして、子どもたちに伝わる授業を考えるそうです。私もチームワークを大切にする先生になりたいです。（79字）

解説

1 ①――に続く部分に注目しましょう。「世界の多くの場所で、『平和』というものは苦労してつくり出し大切に守らなくてはならないものであって、自然と存在《そんざい》するものではない」とあります。

2 「人間の本当の価値《かち》」とにた意味の言葉を探《さが》しましょう。同じ段落《だんらく》に「人間にとって一番大切なもの」とあります。その説明として、「人間を人間たらしめるもの、『人間の尊厳《そんげん》』」と述べられています。

3 「個性」を言いかえた表現として、「あなた自身のしっかりした個」があります。その前後に注目すると、「あなたがあなたらしく生きていくには、あなた自身のしっかりした個、『核《かく》』のようなものが必要です」とあります。この部分をまとめましょう。

4 (1) 筆者が自分の仕事について語っている第三段落に注目しましょう。「私にとって国連での仕事は、生来それほど思索的《しさくてき》でも哲学《てつがく》的《てき》でもなかった私に、人間の存在についての根本的な疑問《ぎもん》や、私たちが住む世界について深く考え、学ぶ機会を与《あた》えてくれ、それによって私の人生を豊かにしてくれるものです。」と述べられています。ここに筆者の国連での仕事についての考えが表れています。

(2) 仕事において大切なことは第六段落に述べられています。「あとは仕事の上で大切なのは、」で始まる文に注目しましょう。

5 第五段落に「実は多様な価値観にも多くの共通点があることがわかり、そうであればこそ私たちは尊重し合い共存・共生できる」と述べられています。

6 「自分の特性や専門《せんもん》」「社会に貢献《こうけん》」「自己《じこ》成長」「チームワーク」「誠実《せいじつ》」「正直」「まじめ」など文章で出てきたことをふまえて、自分のなりたい仕事やしてみたいことにつなげて考えましょう。